札幌解体新書

世界一やさしい札幌の教科書

一般財団法人
えぞ財団

はじめに

札幌の過去を知り、現在を眺め、未来を描く

コロナ禍で始まった『解体新書』

2021年4月22日。サツドラホールディングスの本社にあるEZOHUB SAPPOROでスタートした『札幌解体新書』というイベントが本書の母体になっています。

「札幌の過去を知り、現在を眺め、未来を描く」

そんな気宇壮大な心意気を抱えてスタートした『札幌解体新書』ではその後、およそ1年かけて札幌と北海道について、さまざまな側面から学び、議論をしてきました。

時はちょうど新型コロナウイルスによるパンデミックの最中。先行きが見通せず、皆がなんとなく不安な気持ちを抱えている状況でもありました。

しかし、そんなときだからこそ未来を描くチャンスでもある。コロナ禍はたしかに私たちの生活に大きなインパクトを与えたけれども、この災厄から立ち直るとき、どうすればよりよい社会を、札幌を、北海道をつくっていけるのか、備えておく必要がある。

『札幌解体新書』の中核を担う有志メンバーには、このような強く、熱い信念がありました。

未来を語るのに、なぜ過去を知るところから始めるのか。

一見遠回りにも思えますが、私たちはこのプロセスは必須だと考えていました。

街にはそれぞれ、固有の歴史や成り立ちがあります。そして、それらの影響は現在の街の至るところにさまざまな形で表れています。それが、街の個性であり、文化です。

どこかの街で上手くいった仕組みや仕掛けがあっても、歴史や成り立ちが異なる札幌や北海道でそのまま通用するとは限らない。だから、私たちは札幌の、北海道の過去をしっかり学ぶ必要がある。そのように考えました。

手探りで見出した5つのテーマ

過去を学ぶ中で気づいたこともあります。

それは、私たちは札幌や北海道の過去を、あまり知らないということです。

もちろん、北海道出身の人であれば、学校で勉強をした記憶があるかもしれません。しかし、それをもって「知っている」と胸を張ることはできないというのが偽らざる実感でした。

そんな私たちですから『札幌解体新書』で何を学ぶのかというテーマ設定も手探りでした。

本書は1時限目「都市計画・まちづくり」、2時限目「金融」、3時限目「経済・産業」、4時限目「文化・芸術」、5

時限目「行政」という構成になっていますが、最初から「これらを学べば大丈夫」と決めていたわけではありません。

例えば、最初にまちづくりについて学ぶ中で、「街をつくり、動かすためにはお金が必要だ」「お金の流れはどのようになっていたのだろうか」という疑問が湧いてくる。そこで金融について学んでいくと、今度は「そのお金がどのように投資されて経済や産業が発展していったのだろうか」という問いにつながる。

そんな具合に、メンバーが都度議論をしながら定めていったのが、本書の5つのテーマです。ですので、これら5つのテーマはすべて相互に関連し合っており、これらを知ることで札幌や北海道をより多角的、多面的に見ることができるようになったと思います。

そのようにして計8回開催されたイベントとしての『札幌解体新書』を、より読みやすく、理解しやすくするために、学校の授業の形式でまとめなおしたのが本書です。

担任の先生であるクマカムイ教授と生徒役であるエゾウサギ学級委員長の掛け合いを中心に、各回のテーマを深掘りするためのゲストの先生を交えてお届けします。難しい用語には解説をつけ、各章末にはクイズも掲載しました。

「世界一わかりやすい札幌の教科書」という本書の副題に恥じない、気軽に読んでいただける内容になったと思っています。

はじめに

知ることで、より好きになれる

　『札幌解体新書』を通じて、私たちがもう一つ気づいたことがあります。

　それは「知ることで、より好きになれる」ということです。

　じつは『札幌解体新書』の中心メンバーの多くは、一度は道外に出たものの、札幌や北海道のことが好きで戻ってきた、いわゆるUターン組です。

　Uターンを選択するくらいですから、みんな札幌や北海道のことが大好きです。しかし上述のとおり、必ずしも「よく知っている」わけではありませんでした。

　そんなメンバーたちがイベントを通じて学んだ中で、一様に口を揃えて言います。「札幌や北海道のことが、もっと好きになった」と。そして「好きになることで、札幌や北海道の未来をより自分事として考えることができるようになった」と。

　私たちは「好きだから知りたいと思う→知る→もっと好きになる→未来を考える」という好循環が生まれるということを実感しました。

　本書を手にとっていただいた方の多くも、札幌や北海道のことが好きな人たちだと思います。本書を通じて知識を深めることで、みなさんがもっと札幌・北海道のことを好きになり、未来をともにつくっていく仲間になってくれることを願っています。

　　　　　　　　　　　『札幌解体新書』実行委員会　一同

はじめに……2

1時限目

都市計画・まちづくり……9

なぜ、札幌が北海道の中心になったのか……11
水との戦い……16
中島公園の意味……19
路面電車の発展と縮小……20
戦後の札幌の街づくり……24
札幌の街を大きく変えたオリンピック……28
札幌のアナザーストーリー……31
未来の札幌に向けて……36
テスト……38
解答一覧……39

2時限目

金融……41

まずは日本の金融史を知ろう……42
北海道の金融は函館から始まった……45
北海道金融の中心地が函館から小樽へ……48
金融史に刻まれる北海道拓殖銀行(拓銀)の存在……52
地域の金融を支える信用組合と信用金庫……55
拓銀破綻による北海道経済への影響……58
未来の北海道のために……60
テスト……62
解答一覧……63

3時限目

経済・産業……65

製造業が弱い札幌……67
北海道は官業から始まった……68
明治政府を揺るがした払下げ事件……73
石炭によって発展する北海道の工業……77
満州国と北海道……80
再び、石炭によって牽引される成長……82
石炭の時代の終わりを決定づけた夕張新炭鉱事故……85
炭鉱から観光への試行錯誤……88
北大マイコン研究会とサッポロバレー……91
なぜITの巨人が生まれなかったのか……94
「オープン」で「フラット」を再現した札幌BizCafe……97
道内の小売業が最高益を達成する北海道現象……99
何か新しい物事を生む「3つの自由」……101
テスト……104
解答一覧……105

4時限目

文化・芸術……107

任侠の親分がつくった最初の劇場……109
篠路歌舞伎の隆盛……111
狸小路の始まり……115
大衆の娯楽「映画ブーム」到来……117
黒澤明監督と札幌……120
公による文化・芸術振興……122

厚かましい人ほど得をする「駅8」……127
文化・芸術で稼ぐということ……131
文化・芸術から見る「札幌らしさ」ってなに?……133
テスト……135
解答一覧……136

5時限目

行政……137

北海道の中に青森県があった?……139
北海道庁誕生……143
北海道開拓に不可欠だった屯田兵……145
囚人と北海道……150
札幌区から札幌市へ……152
北海道開発庁と北海道開発局という二重構造……157
公共事業依存の問題……160
政令指定都市・札幌……161
日本の大都市行政の問題……166
北海道と札幌の関係性……170
地方分権と北海道……172
テスト……175
解答一覧……176

おわりに……177
主要参考文献一覧……184
年表……186

1時限目
都市計画・まちづくり

エゾウサギ委員長 札幌解体新書の1時限目、テーマは「都市計画・まちづくり」です。北海道の開拓は、当時の明治政府にとってその後の国家の方向性を左右する重大なプロジェクト。その中心の地札幌が選ばれました。つまり、札幌の性格や特徴を理解し未来の札幌を考える上で、都市計画・まちづくりを「最初に学ぶこと」は極めて重要です。

そんな札幌の街がどのような歴史を歩み、今の形になっていったのかを教えて下さるのは、札幌の街に詳しい「クマカムイ教授」と、まちづくりのプロフェッショナル「シマエナガ先生」です。

1時限目の先生は？

エゾウサギ委員長
北海道が大好き！勉強熱心なエゾウサギ委員長。

クマカムイ教授
古地図や写真などから札幌や北海道の歴史を読み解く、教え上手な教授。

シマエナガ先生
都市建築やコミュニティデザインにも詳しいまちづくりのプロフェッショナル。

なぜ、札幌が北海道の中心になったのか

エゾウサギ委員長 それではさっそく札幌の歴史を振り返っていきましょう。

現在、北海道でもっとも人口が多いのは札幌ですが、札幌の人口が道内1位になったのは昭和15年（1940）。それ以前は函館、小樽の方が経済の中心地として栄えていた時期もありました。

初期の札幌には開拓使が置かれたこともあり、行政の中心地という性格はありつつも、開発・発展という観点では函館や小樽に遅れている部分もあったんですね。

クマカムイ教授 札幌の歴史に入る前に、少し北海道全体の歴史を押さえておきましょう。

北海道は明治時代から突然開拓が始まったわけではなく、石器時代や縄文時代から人は住んでいて、後には豊かなアイヌ文化が熟成されました。

本州以南に住む、いわゆる和人も室町時代から道南地方には進出していて、現在の上ノ国町に勝山館（かつやまだて）という砦を築いたりしていました。そこでアイヌの人たちとの交流・交易が行われていたんですね。

ところが、江戸時代後半になるとロシアが南下政策を押し進めるようになり、江戸幕府は蝦夷地を防衛拠点として位置づけるようになる。交流・交易の拠点から防衛拠点へ

と意味が変わっていきます。

　明治政府もその方針を引き継ぎ、同時に没落した士族たちの移住・再建の地としても活用し始めました。その後、北海道で大量の石炭が発見されると、今度はその供給基地としての役割が求められるようになりました。

　このように北海道の歴史には常に、国の情勢や国策というものが色濃く影響していたと言えます。

シマエナガ先生　江戸時代の蝦夷地開拓は、北海道の南側、日高(ひだか)地方が中心でした。

　なぜかというと、日高地方で昆布やアワビが採れたから。昆布やアワビは皇室に献上するものなので、その産地との交易のために南側の開拓が優先されたんですね。

　対して北側は湿地帯でしたから、手つかずだった。そこを明治期に入って開拓していこうという試みになったんです。

クマカムイ教授　北側の開拓に関しては、北前船の存在も大きかったですね。

　大阪や北陸と北海道を結ぶ北前船(きたまえぶね)は日本海を北上して小樽を目指し、最終的には樺太まで航路が延びていきます。このような海運の発展も、北海道の開拓には大きく影響しています。

エゾウサギ委員長　そのような歴史がある中で、なぜ札幌が北海道の中心になっていったのでしょうか？

クマカムイ教授　先ほど話したように防衛拠点としての重要性が高まった蝦夷地には、江戸時代から多くの人が探検

1時限目 都市計画・まちづくり

開拓使本庁舎（北海道大学附属図書館北方資料室所蔵）

に来ていました。その中の一人に江戸幕府の役人である近藤 重蔵 [注1] という人物がいます。

　彼が石狩川を船で遡ってみたところ、かなり奥地まで入ることができるということがわかってきた。なので、もし蝦夷地に中心となる街をつくるとしたら、石狩川の下流、ツイシカリ川のあたりがいいのではないかと考えました。これが近藤重蔵のプランです。

　ここでもう一人、重要な人物が登場します。松浦武四郎 [注2] です。彼も蝦夷地や樺太、択捉を探検し、安政2年（1855）には江戸幕府の蝦夷御用御雇に任ぜられました。

　彼は、石狩川の下流は湿地帯で開発が難しいと考え、他の適地を探しました。そして石狩川の支流を遡った扇状地

13

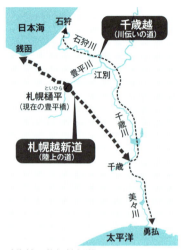

千歳越と札幌越新道

に注目します。それが「札幌樋平のあたり」、今の札幌の豊平橋付近なのです。

松浦は、北海道と関西の地理を重ね合わせ、札幌が京の都のように栄えれば、いずれはその下流にある石狩が大阪のようになり、銭函や小樽が尼崎や西宮のように発展していくのではと考え、札幌を中心にした開拓を構想しました。

エゾウサギ委員長 そのような経緯があり、明治4年（1871）、札幌に開拓使 [注3] が正式に設置されたんですね。

前頁の写真はその2年後に完成した開拓使本庁舎です。現在の北海道庁赤レンガ庁舎のやや北側に建っていたのですが、非常に大きな建物ですね。

クマカムイ教授 札幌付近の地形をよく見てみると、大きな特徴があります。それは、日本海側から太平洋側まで高い山脈に遮られずに移動できることです。本州のほとんどの地域は、背骨にあたる場所に山があってそれを乗り越えるのが大変なんですが、札幌付近はそうではないんです。

ですので、石狩川、千歳川を遡り、今の新千歳空港のあ

たりで陸上を8kmほど歩いて、美々川を苫小牧付近まで下るという川伝いのルート（千歳越）が開発されました。ただ、このルートは冬になると川の凍結で通行できなくなるので、それに代わる陸路を開拓しようという話になり、江戸末期につくられたのが札幌越新道という道。松浦武四郎の助言を受けて、蝦夷地を支配していた箱館奉行[注4]の命令で建設されました。

　この新道が豊平川を渡るポイントが先ほど触れた「札幌樋平」で、交通の要衝にもなっていた。そこで、そこを中心にして街を開発していこうという発想も、この地に札幌という都市が誕生する背景にありました。

注

注1 ● 近藤重蔵: 明和8年（1771）～文政12年（1829）。寛政10年（1798）に松前蝦夷地御用取扱になり、この職で4度蝦夷地を訪れた。千島探検の際、択捉島に「大日本恵登呂府」の標示を立てた。

注2 ● 松浦武四郎: 文化15年（1818）～明治21年（1888）。幕末の北方探検家であり、蝦夷地・樺太などを複数回探査した。明治2年（1869）に蝦夷地の改称案の一つとして北加伊道を提案。現在の音威子府村でアイヌの古老から聞いた話が元になったと伝えられている。

注3 ● 開拓使: 北海道開発を担当した政府機関。道路・港湾・炭田の開発や北海道の産業育成などにつとめた。明治2年（1869）東京に設置され、後に札幌に本庁を移した。明治15年（1882）に廃止。

注4 ● 箱館奉行: ロシアの南下政策への対応と蝦夷地の収益確保を目的として東蝦夷地を直轄領とした幕府が、享和2年（1802）に設置した遠国奉行の一つ。当初は蝦夷奉行と称し、その後箱館奉行、松前奉行と改称した。文政4年（1821）に一度廃止されたが、箱館開港を受け安政元年（1854）に箱館奉行の名で再設置。明治維新まで蝦夷地警備と開拓を行った。

明治4年（1871）初代豊平橋（東北帝国大学農科大学「温故写真帖」より／札幌市公文書館所蔵）

明治8年（1875）ホルト設計の9代目豊平橋（北海道大学附属図書館北方資料室所蔵）

水との戦い

エゾウサギ委員長　文明開化の時代にゼロに近い状態からまちづくりを行う札幌には、じつは多くの「日本初」があったと言われています。

　例えば豊平橋。明治8年（1875）にアメリカ人技師のN・W・ホルト [注1] が設計した日本国内初の西洋式橋梁の木造トラス橋が架けられました。

クマカムイ教授　先ほど札幌越新道の話で、豊平川を渡る必要があったと話をしました。

　当初ここには橋がなく、渡し守が置かれ船で渡っていました。しかし交通量の増加に対応できなくなり、明治4年（1871）に最初の橋が架けられました。

　本頁左上の写真は初代の橋ですが、ご覧いただいてわか

1時限目　都市計画・まちづくり

大正13年（1924）21代目豊平橋（札幌市公文書館所蔵）

開通式に集まった市民（札幌市公文書館所蔵）

るように丸太で組んだだけの簡易な橋です。見るからに頼りないですよね。

　じつは当時、豊平川というのは大変な暴れ川で、流されることを前提に橋がつくられたんですね。実際、豊平橋は架けては流されを繰り返しています。先ほどエゾウサギ委員長が触れた西洋式の橋も、1年半後には流されてしまいました。

　ただ、そのような試行錯誤を繰り返すことによって、技術的にはどんどん進化していきました。豊平橋が日本の橋梁技術の発展に大きく貢献したと言えるんです。

エゾウサギ委員長　少し時代が進むのですが、大正13年（1924）には早くも21代目の豊平橋が架けられました（本頁上写真）。

　この橋には、当時の最新技術であるブレスト・リブ・タイド・アーチという技法が用いられ非常に頑丈であったほか、3連のアーチも美しく、当時の北海道三大名橋 [注2]

の一つに数えられました。

クマカムイ教授　それまで、何度も流されては架けを繰り返していた豊平橋ですが、この代の橋は「永久橋」とも言われ、以降長く使われました。この橋は観光名所のようにもなり、橋が完成したときは見物客が溢れ、中には川の中に浸かって見物する人もいたくらいです。

シマエナガ先生　先ほど、豊平橋が日本の橋梁技術に貢献したという話がありましたが、治水技術も北海道で発展したと言えます。

　石狩川は非常に長い川で、水量も豊か。蛇行だらけで、氾濫も多かった。その流域全体を如何にコントロールし、氾濫を抑えるかというのが非常に重要なテーマでした。明治以降、数々の治水事業が行われ、日本の治水技術は発展していったんです。

クマカムイ教授　治水事業のおかげでずいぶんリスクは軽減されたけれど、札幌は潜在的には水害リスクがある街と言えます。豊平川は石狩川の支流ですが、昭和56年（1981）には石狩川や豊平川などで2度にわたって大洪水が発生し、標高の高い真駒内でも浸水した記録があります。

シマエナガ先生　そうすると、なんでそんな危険なところにわざわざ街をつくったんだという話になるけど、それは先ほどあったように、日本海と太平洋を行き来するルートというのが日本にとって非常に重要だったから。

　リスクはあっても、それを克服するために挑戦する。札幌の街づくりはそういう歴史でもあるんです。

1時限目 都市計画・まちづくり

> **注**

注1 ● **N・W・ホルト**：1836年頃〜没年不詳。明治5年（1872）に開拓使のお雇い外国人として来日したアメリカの建築技術者。

注2 ● **北海道三大名橋**：豊平橋に、旭川市の旭橋、釧路市の幣舞橋を加えた3つの橋の総称。特に、旭橋は北海道で最も古い現役の鋼道路橋として歴史的価値が高い。

中島公園の意味

エゾウサギ委員長　札幌の中心部といえば幕末につくられた大友堀（おおともぼり）（現在の創成川）の直線部を軸にした碁盤の目状の区割りが特徴ですが、明治14年（1881）に条・丁目制が導入されています。このとき、大通と創成川を起点に、東西南北に条と丁目がカウントされるようになりました。

　このようにして徐々に都市としての骨格ができていく札幌ですが、札幌の街づくりの歴史の中で外せない年が大正7年（1918）です。この年、札幌では開道五十年記念北海道博覧会が開催され、また路面電車も開業しました。

シマエナガ先生　この博覧会は中島公園で行われましたが、これには非常に大きな意味があります。

　先ほど、札幌には日本初がたくさんあったというコメントがありましたが、中島公園も日本の最初期の公園の一つ。もともとは定山渓から切り出される木材の貯蔵池のような使われ方をしていたところを、都市型の公園として整備したんです。

この時期、ある法律がつくられます。大正8年（1919）施行の旧・都市計画法です。世界最初の都市計画法は1909年にイギリスでつくられましたが、それから10年で都市計画法を導入したのだから日本も頑張ったと言えますね。
　以降、この旧・都市計画法に基づいて日本では街を整備していく。道路や公園も、この法律に基づいてつくっていきましょうという時代に入っていきます。
　この法律をつくるにあたって、都市公園のモデルとしたのが中島公園なんです。日比谷公園の整備にも中島公園が参考にされたという話もあります。この博覧会には、中島公園を全国に売り込もうという意図も込められていたと、私は考えています。
　このような中島公園の意味と価値を、私たちはもっと大切にしていくべきではないかと思います。

路面電車の発展と縮小

クマカムイ教授　路面電車のほうに話を移しましょう。
　路面電車は大正7年（1918）に開催された博覧会に合わせて導入されましたが、その前は馬車鉄道が明治42年（1909）に開業して走っていました。
　馬車鉄道が導入された最初の理由は石の運送です。石山周辺で採れた札幌軟石を市内に運ぶために、馬車鉄道の軌

1時限目　都市計画・まちづくり

南1条通を行く馬車鉄道（札幌市公文書館所蔵）

電車開業を祝う花電車（札幌市交通局所蔵）

道が整備されました。すると、石を運んでいるだけでは勿体ないので旅客輸送も同時に行ったのです。

　大正時代に入ると旅客輸送の需要がさらに増えてきたので、博覧会の開催に合わせて路面電車へと転換されました。

エゾウサギ委員長　その後、路面電車の路線はどんどん拡大していくんですよね。

クマカムイ教授　初期の路面電車はじつは民営で、札幌電気軌道株式会社 [注1] によって運営されていました。それが昭和2年（1927）に市営化され、路線もどんどん拡大していきます。

　戦後の札幌は住宅地が北に広がっていったので、路面電車もそれに合わせて延伸。最盛期には麻生町を越えて新琴似駅前まで延び、札幌市民の足として欠かせない存在になりました。

　一方、昭和30年代後半に入るとモータリゼーションの進展により自動車交通量が増加し、路面電車の運行に支障

21

路面電車開業の南1西4交差点(札幌市公文書館所蔵)

が出始めます。新たな交通機関として高速電車（地下鉄）の建設が決定し、札幌オリンピック開催直前の昭和46年（1971）12月に南北線の北24条〜真駒内間が開業。それと引き換えに約25kmあった路面電車の路線は4度にわたって廃止・縮小され、西4丁目〜すすきの間の半環状線8.6kmを残すだけになりました。それから40年以上の歳月が流れた平成27年（2015）、途切れていた終点同士が再びつながって、ループ化されたのは記憶に新しいですよね。

シマエナガ先生　私は今後、路面電車はむしろ増えていく方向だと考えています。

今後、MaaSや自動運転技術が普及していくと、市民の自動車所有や自動車の利用状況も変わっていく。特に都心部は、車が主役ではなく歩行者が主役の街になっていくんじゃないでしょうか。

エゾウサギ委員長　自動車が増えることで追いやられた路面電車が復権するかもしれないんですね。

シマエナガ先生　路面電車がループ化される際、すすきのから西4丁目まで、札幌駅前通に軌道が新設されましたよね。あのとき、じつは地元からは反対の声が小さくなかった。車の通行が不便になることで、車で来るお客さんが減

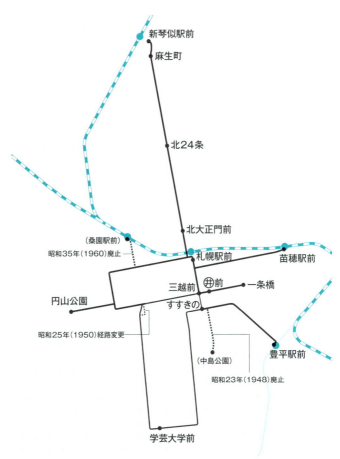

昭和39年（1964）の市電路線網

ってしまうんじゃないかと懸念していたんですね。また、歩道側に軌道を寄せたことで、タクシー会社や運送会社の人たちも利便性が減ると反対していた。

でも、できあがってみると、両者とも「つくってよかった」と言っている。路面電車が便利になるとお客さんが増えたから、結局売上も増えた。地元の声に配慮することは大切だけど、果敢に挑戦することも必要だということを示すエピソードだと思います。

注

注1● **札幌電気軌道株式会社**：明治42年（1909）から馬車鉄道を運行していた札幌石材馬車鉄道株式会社を前身とし、大正7年（1918）に路面電車を開業。昭和2年（1927）に市営化された。

戦後の札幌の街づくり

エゾウサギ委員長　この章の冒頭に述べたとおり、すでに戦前には札幌が北海道一の人口を抱える街になっていましたが、札幌の拡大は戦後も続きます。

　函館や小樽、もしくは炭鉱で栄えた空知支庁なども戦後の人口はほとんど変わらないか、むしろ減少しているのに対し、札幌だけは人口が増え続けました。特に昭和47年（1972）の札幌オリンピック前後から人口増はめざましく、昭和45年（1970）には100万人を突破。現在は200万近くまで増えています。

　このような人口増の時代に、札幌ではどのような街づくりが行われていたのか、振り返ります。

クマカムイ教授 先ほど、路面電車のときに少し触れましたが、札幌は激しい人口増と並行して交通量の増加にも見舞われます。そこで、市内の道路網を拡幅する動きが盛んになりました。

「永久橋」としてご紹介した21代目の豊平橋も昭和41年（1966）に現在の豊平橋に架け替えられているのですが、これも交通量の

1階部分をトンネル状にした三越
（札幌市公文書館所蔵）

増加に対応するためのものです。スペックとしては当時の最高水準の橋になりましたが、北海道三大名橋の風景が失われたのは残念なところです。

市内の道路拡幅も進みます。例えば札幌駅前通は北1条からすすきの交差点まで、道路幅員が約20mから約36mに拡幅されています。

この工事に関して面白いエピソードがあります。南1条に三越がありますが、かつての建物は拡幅前の道路幅に合わせて建てられていました。道路が拡幅されると建物を改築する必要が出てきますが、それには時間がかかるし、売上にも響いてしまう。

そのため、建物の1階部分をくり抜いてトンネル状にし、道路拡幅後もしばらくは歩道として提供し、上の階では営

昭和29年（1954）の札幌駅前通・南3条付近（札幌市公文書館所蔵）

業するという"裏技"を編み出しました（本頁上写真）。

　ただ、このような方法が誰にでもできるわけではありません。

　上の写真は昭和29年（1954）、拡幅が行われる前の南3条付近ですが、道路脇に多くの店舗が建ち並んでいるのがわかると思います。拡幅にともない、これらの店舗は面積を大きく削られたり、建て替えを迫られたり、場合によっては移転や廃業を求められたりしたわけです。

　当然、協議は簡単には進みません。昭和36年（1961）の新聞記事によれば、場所によっては移転が進まずに道路幅のラインがデコボコになっている状態でした。

　このとき、状況を一気に進展させる法律ができます。一

昭和40年（1965）の札幌駅前通（札幌市公文書館所蔵）　昭和45年（1970）の札幌駅前通（札幌市公文書館所蔵）

般に市街地改造法と呼ばれる法律で、簡単に言えば大きなビルを建ててそこに元の地権者をまとめて入居させることで、市街地整備加速を目指しました。

　昭和40年（1965）の写真ではまだ古い建物が残っている感じですね。ところがその5年後、昭和45年（1970）には、一気にここまで進みました。

エゾウサギ委員長　おお。すっかり道路が広がっています。

シマエナガ先生　もちろん法律によって進んだ部分はあるけれど、実際には地道な努力があったことも忘れてはいけません。当時、地元の行政の担当者が毎日のように、仕事が終わった夜の8時～9時ごろから地元の商店街のボスのところに通い、いろいろと話し込んだと言われています。

　「あそこのお店はそろそろ話に乗ってくれそう」とか「こちらは代替わりがあるから、そのタイミングで話を持っていけば聞いてくれるかもしれない」とか、丁寧に関係を築きながら情報をとっていった。だからこそ、スッと物事が動く瞬間が訪れたのでしょう。

そうやってある部分が建て替えられたり、カフェができたり、東京から新しいお店ができたりする。そうするとお客さんが増えて、周りの商店主たちも「我々もそろそろ動いたほうがいいかもしれない」という気持ちにもなってくる。そういう一歩一歩を、行政と地元が協力しながらやっていくというのが、本当に大事なんです。

札幌の街を
大きく変えたオリンピック

エゾウサギ委員長　そのようにして市内の光景がどんどん新しくなっていく中、昭和47年（1972）に札幌冬季オリンピックを開催することが決まります。

　先ほど説明したとおり、この時期に札幌には初めて地下鉄南北線が敷設されますが、それ以外にも道央自動車道（千歳〜北広島間）や札樽バイパス（後の札樽自動車道）、豊平川幹線の開通、都心部の地域熱供給事業の開始などがあり、一気に「国際都市サッポロ」へと進化していきました。

クマカムイ教授　地下鉄の工事はオリンピックに間に合わせようと突貫工事が行われました。札幌駅前通などは、路面電車が走っている下に地下鉄をつくらなければならないので、大変だったんです。

　開削工法という方法で、要は地上から掘っていく。掘った穴の上に覆工板をかぶせて、そこに線路を敷いて路面電

車が徐行運転する。こんな大工事をやったんです。

また、地下街の開業にあわせてポールタウンやオーロラタウンなどの地下街も開業しました。

地下鉄建設工事中の札幌駅前通（札幌市公文書館所蔵）

エゾウサギ委員長　オリンピックの会場として真駒内の選手村や競技場、北海道厚生年金会館（さっぽろ芸術文化の館に改称後、現在は解体）なども整備されましたね。

クマカムイ教授　真駒内の屋外競技場は非常に先進的なコンセプトで建てられています。一般的にスタジアムというと、観客席が上に積み上がっていく形をしていますが、真駒内の自然の地形を活かし、下に掘り下げるような形をしている。ですので、外から見ると背が低く立木に隠れてしまうほどです。自然の中に溶け込むスタジアムとして傑作だと思うのですが、逆に成功しすぎて目立たず、市民から忘れられがちな存在になってしまったとも言えます。

シマエナガ先生　真駒内公園を所有しているのは誰か。気にしたことがない方も多いと思うんですが、じつは北海道です。以前、北海道日本ハムファイターズが真駒内公園に移転するかもしれないと取り沙汰されたとき、当時の道知事が「真駒内公園って道の公園なの？」と驚いたという話もあるくらい。逆にそれくらいだから、有効に活用するという意識も希薄とも言えます。

先ほど、日比谷公園は中島公園を参考に整備されたという話をしましたけれど、その日比谷公園は周辺に劇場や映画館、ホテルなどもあって非常に活発になっています。

　それと比較すると、中島公園や真駒内公園周辺はどうでしょうか。本当に公園を活かし、調和した街づくりをしているのでしょうか。札幌はもっと、公園という財産を活用するという意識を持てると思います。

エゾウサギ委員長　オリンピック直後の昭和47年（1972）4月、札幌は政令指定都市になり、以降も市街化区域はどんどん拡大していきます。昭和51年（1976）には地下鉄東西線、昭和63年（1988）に同東豊線が開業。また順次、各線の延伸も実現しました。

　21世紀に入ってからは札幌ドームやJRタワーが開業。近年は新幹線延伸を見込んだ再開発が相次いで計画、推進されています。

シマエナガ先生　そうやって札幌の街が新しくなっていく一方で、失われたものもあります。

　例えば、先ほど触れられた豊平橋。たしかに交通量の増加に対応していく必要はあるけれど、必ずしも橋を架け替えなければならないと決まっていたわけではなく、橋を増やすという選択肢もあったんだろうと思うんです。でも、結局は架け替えられて、美しいアーチ橋は失われてしまった。

　当時の感覚として、古くさいものよりもモダンで機能的なもののほうがいい、という価値観もあったのかもしれま

せん。『三丁目の夕日』という映画がありますが、今の視点で見るとああいう世界観もなかなかいいじゃないかと思うけど、その時代を生きた人にとっては「もっと新しいものを」と求める心があったのも事実だと思います。

　判断というものはその時代ごとに行っていくもので、えてして短い時間軸で捉えがちです。でも今、我々はそのような判断をした結果として、失われてしまったものも認識している。コロナなどもあって、経済成長や資本主義のあり方について改めて考えることができるようにもなった。

　今、札幌はオリンピックでつくったインフラが老朽化し、改めてまちづくりをする時期に入っていますが、このような問題についてどう考えるのか、見つめ直すべきではないかと思っています。

札幌のアナザーストーリー

エゾウサギ委員長　ここからは少し毛色を変えて、札幌にあり得たかもしれない別の歴史、アナザーストーリーについて見てみます。

　「札幌急行鉄道」という名前を聞いたことがあるでしょうか？おそらく多くの人は知らないと思うのですが、札幌には東京のある私鉄会社による鉄道構想が検討されていたんです。

クマカムイ教授　現在の株式会社じょうてつが東急グルー

プの一員であることはご存じの方もいらっしゃると思います。じょうてつはかつて定山渓鉄道 [注1] という鉄道会社で、昭和32年（1957）に東急の傘下に入っています。

　定山渓鉄道は大正7年（1918）に開業し、昭和44年（1969）に廃止されましたが、その少し前、昭和30年代前半に幻の「札幌急行鉄道」という構想が東急によって検討されていたんです。

　次頁の図がかつての定山渓鉄道のルートです。定山渓から東札幌を結んでいました。真駒内から平岸の線路跡は、現在の地下鉄南北線の地上部分にも使われています。

エゾウサギ委員長　昔の定山渓は電車を乗り継いで行く場所だったんですね。

クマカムイ教授　東急の事実上の創業者は五島慶太 [注2] という人物です。この人は、時に強引な手法で地方の私鉄や企業を買収し、東急の拡大を実現していきました。その手法を指して"強盗"慶太などとあだ名されてもいました。

　定山渓鉄道を基盤に北海道に進出した東急ですが、そのころ、札幌周辺にはもう一つ私鉄がありました。夕張鉄道 [注3] といいます。この鉄道は野幌から長沼、栗山などを経て夕張に至ります。

　札幌〜江別間の国鉄（現・JR）函館本線のルートは、南に大きく迂回しています。これは明治時代に鉄道を建設した時に、この北側に広がる低湿地は鉄道の敷設に適さないと目されていたから。しかし、昭和30年代の技術ならば

1時限目　都市計画・まちづくり

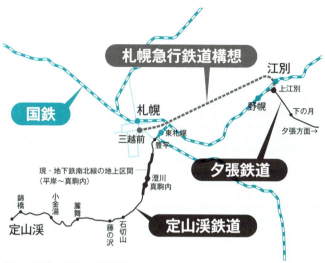

昭和30年代の国鉄・私鉄路線図

鉄道敷設は可能。地元からの要望を受けた五島は、札幌～江別間を最短距離で結ぶ新たな鉄道を敷設し夕張鉄道と接続する構想を打ち立てたのです。そして札幌市内は三越の前の地下まで線路を敷く。そこに定山渓鉄道も乗り入れてくる。そんな一大私鉄網をつくろうと計画していたんですね。これが札幌急行鉄道構想です。

エゾウサギ委員長　すごい！

クマカムイ教授　これは何も絵空事ではなく、定山渓鉄道と夕張鉄道とが共同で免許を申請するというところまで進んでいて、当時の新聞を読むと江別市長などは実現する前提でインタビューに応えていたりするんです。

　ところが、昭和34年（1959）に五島慶太が死去すると、

33

東急社内でこの計画が見直され、資金の問題や社内事情を理由に白紙に戻されてしまったんです。

エゾウサギ委員長 この計画が実現していたら、今とはまったく異なる札幌の姿があったかもしれないですね。

クマカムイ教授 札幌市内だけでなく、郊外の姿も変わっていたかもしれません。

東急田園都市線にたまプラーザという駅があります。横浜の最北端にある駅で、渋谷から30分弱のところに位置します。

この駅は東急の沿線開発のあり方をよく表していて、駅前には東急デパートがあり、周辺の宅地も東急によって開発・分譲されています。もともとは何もないところに電車を通して、生活インフラを自前で揃えて街づくりを行うというのが私鉄の発想です。需要を自らつくりだすんですね。

それに対して市営の地下鉄は、需要があって採算がとれるところに路線をつくる。発想が全然違いますよね。

シマエナガ先生 当時、夕張の炭鉱はまだ活力が残っていたし、途中の江別には王子製紙(おうじせいし)の大きな工場があった。炭鉱も製紙も国策と結びつきがある重要な産業。そのような需要が見込め、江別には住宅地として開発可能な広い土地もあった。そういう動向を見ながら構想をつくっていくのが五島慶太のやり方でした。

五島慶太は阪急の創業者である小林一三(こばやしいちぞう)[注4]の手法を真似たと言われるけど、一方で非常に独創的な経営者でもあった。東急グループの一つに東京都市大学という大学

がありますが、ここでは原子力の研究を行っています。電車のみならず東急沿線の地域で使うエネルギーをどうやって生むか。こういうことも考えながら経営を行っていたのが五島という人物なんです。

エゾウサギ委員長　そういう話を聞くと、ますます札幌急行構想が実現していたらと思わざるを得ませんが、失われたものを惜しんでも仕方がない。このような歴史を知った上で、私たちがこれからの札幌をどうつくっていくかという発想が重要ですね。

注

注1 ● 定山渓鉄道: 大正4年（1915）設立。定山渓温泉への観光客の輸送、木材・鉱石・石材の輸送などを主な目的として、大正7年（1918）に白石〜定山渓間の鉄道を開業。昭和32年（1957）に東京急行電鉄（現・東急電鉄）の傘下に入るも、モータリゼーションの波に押され徐々に経営が悪化。地下鉄南北線の建設に伴う札幌市からの用地買収の申し出を受ける形で、昭和44年（1969）に全線を廃止した。会社は現在、株式会社じょうてつの名でバス事業や不動産事業などを手掛けている。

注2 ● 五島慶太: 明治15年（1882）〜昭和34年（1959）。東急電鉄の事実上の創業者であり、競合企業を次々と買収し、現在における東急グループの礎を築いた。戦時中には、東條英機内閣で運輸通信大臣を歴任し、日本の鉄道業界の発展に尽力した。

注3 ● 夕張鉄道: 大正13年（1924）設立。大正15年（1926）に栗山〜新夕張（後の夕張本町）間の鉄道を開業、昭和5年（1930）に野幌〜栗山間を延伸開業した。昭和38年（1963）に夕張バス株式会社を吸収合併。鉄道部門の旅客営業は昭和49年（1974）までに休止（後に廃止）し、その後はバス事業を主な事業として展開している。

注4 ● 小林一三: 明治6年（1873）〜昭和32年（1957）。阪急東宝グループ

（現・阪急阪神東宝グループ）の創業者。阪急百貨店、宝塚歌劇団・東宝など、鉄道事業と不動産事業・小売事業などを組み合わせる私鉄経営モデルの原型を独自に作り上げた。終戦後は幣原喜重郎内閣で国務大臣を歴任。日本の私鉄経営のモデルを確立させた。

未来の札幌に向けて

エゾウサギ委員長　ここまで札幌の都市計画や街づくりの歴史を振り返ってきました。
そして今、札幌は新たな街づくりの時期に入っています。私たちはどのような視線で向き合っていくべきなんでしょうか。

クマカムイ教授　私はつくづく、街はビルや道路ではなく人でできているんだと感じます。

　札幌の歴史の表通りは、ここでご紹介してきたような都市計画の話に集約されるかもしれないけど、その裏面で常に人々が歴史を紡いでいる。

　例えば札幌は通人には焙煎コーヒーの街として知られていて、個性的なコーヒー店が多いんですけれど、その源流を辿ると昭和40年代にあった2軒の喫茶店に行き着く、なんて話があります。それ以外にも、札幌は大道芸のパフォーマーを多く輩出しているなんて話もあります。

　こういう札幌の個性を彩る人たちを、これからも拾い集めていきたいと思います。

シマエナガ先生　世界初の都市計画法はイギリスでつくられたという話をしましたが、その背景にあったのは産業革命と公衆衛生の改善です。

　産業革命で虐(しいた)げられている労働者階級の生活を少しでも良くする。下水を整備して感染病の流行を防ぐ。このような視点が、都市計画法の根本の精神には込められていました。

　だから、都市計画というものは本来、社会や地域に対する深い愛情があるべき。資本主義の発展や経済のために都市があるわけではないんです。そういう視点を都市計画が取り戻していくことが重要なんじゃないかと思います。

エゾウサギ委員長　なるほど。

シマエナガ先生　もう一つ。都市計画はなにも首長や偉い役人、経営者だけが考えることではなく、市民一人一人が当事者であるという考え方が大切。

　それも、単にミーティングに参加すればいいというわけではなく、時として自分が地域のリーダーとして街づくりの絵を描くこともあるかもしれないし、そういうリーダーを積極的に応援していく、育てていくという関わり方もあると思います。

テスト

問1 国勢調査において、札幌市の人口が初めて道内第1位になったのはいつ？

①明治34年（1901） ②大正4年（1915）
③昭和5年（1930） ④昭和15年（1940）

問2 明治8年（1875）にアメリカ人技師のN・W・ホルトが設計した日本国内初の西洋式橋梁の木造トラス橋で、日本の橋梁技術に貢献したとされる橋は？

①幌平橋 ②ミュンヘン大橋 ③豊平橋
④水穂大橋

問3 大正7年（1918）に開道五十年博覧会が中島公園で行われたが、これを機に作られたのは何か？

①豊平館 ②薄野遊郭 ③札幌温泉 ④路面電車

問4 昭和47年（1972）の札幌オリンピック開催に合わせて整備されたものを、次から全て選べ。

①道央自動車道（千歳〜北広島間） ②地下鉄南北線
③都心部地域熱供給事業 ④豊平川幹線

問5 当時存在した北海道の私鉄、定山渓鉄道と夕張鉄道を利用した「札幌急行鉄道構想」という一大私鉄網の構築を起案した、東急グループの元社長は誰か？

①五島慶太 ②小林一三 ③渋沢栄一 ④五代友厚

解答一覧

問1
[答え] ④昭和15年（1940）

「なぜ、札幌が北海道の中心になったのか」を参照。それまでの人口最大の都市は、経済の中心地だった函館や小樽でした。

問2
[答え] ③豊平橋

「水との戦い」を参照。豊平橋は何度も架けては流されを繰り返し、令和6年（2024）現在の橋は23代目（架け替え時の仮橋を含む）です。

問3
[答え] ④路面電車

「路面電車の発展と縮小」を参照。馬車鉄道から始まった路面電車は、最盛期には麻生町を越えて新琴似駅前まで路線が拡大していました。

問4
[答え] ①～④全て

「札幌の街を大きく変えたオリンピック」を参照。札幌市は、オリンピック直後に政令指定都市になり都市機能を拡充させていき、令和2年（2020）には人口が197万人となりました。

問5
[答え] ①五島慶太

「札幌のアナザーストーリー」を参照。東急グループは、北海道北見市の都市開発にも積極的でした。

2時限目

金融

エゾウサギ委員長　2時限目のテーマは「金融」です。国家プロジェクトとしての北海道開拓が国家プロジェクトとしての北海道開拓と札幌の街づくりが進んで行く中で、たくさんの人間が北海道に住むようになり、民間事業が続々と勃興。実体経済を動かす血液として、金融の重要性が増していきます。今日にいたる札幌や北海道の経済・産業が形作られる中で、金融が果たした役割は非常に大きいと言えます。

この時間は、北海道の金融の歴史に詳しいタンチョウ先生に、金融と経済・産業の発展の流れについて教えていただきます。

2時限目の先生は？

タンチョウ先生
北海道に初めて銀行ができた明治9年（1876）から語れる、北海道・金融史のスペシャリスト。

まずは日本の金融史を知ろう

タンチョウ先生　金融は、シンプルに言えばお金の流れで

す。お金の流れというと、会社から会社へ、もしくは会社から個人へとお金が渡っていく様子はイメージしやすいと思います。それに加えて、今回の講義では空間的なお金の流れもイメージしていただきたいと思っています。

本州から北海道へのお金の流れ。北海道の中でのお金の流れ。そこには、ヒトやモノや産業の動きが生まれ、一緒にお金も回っていった。ですので、北海道の金融の歴史を通じて北海道の発展の歴史も学ぶことができるんです。

エゾウサギ委員長　事前に金融という言葉の語源を調べてきました。

仏教の仏典の一つである華厳経に「融通無碍(けごんきょう)(ゆうずうむげ)」という言葉が出てきます。これは、人々が滞りなく心を通わせていくという考え方を示しているのですが、同様にお金が円滑に行き渡る姿を表すために「融」という字を用いて金融という言葉ができたそうです。

今、先生がおっしゃった金融とはお金の流れであるというお話とつながりますね。

タンチョウ先生　ありがとうございます。そのとおりですね。

エゾウサギ委員長には日本の金融の歴史についても調べてもらったので、発表してください。

エゾウサギ委員長　はい、わかりました。

まず明治4年（1871）、新貨条例 [注1] という法律が制定されました。ここで、私たちが今使っている円や銭などの通貨単位が定められました。明治5年（1872）には国立銀

行条例 [注2] が公布され、日本に銀行を設立する土台がつくられます。

そしてその翌年には早くも、渋沢栄一により第一国立銀行が開業しました。第一国立銀行は日本初の銀行であり、最初の株式会社でもあります。ちなみに、このあと多くの「国立銀行」が登場しますが、これらはすべて民間銀行で国が経営しているわけではありません。

国立銀行は明治12年（1879）までに153行が開設され、それぞれの銀行が独自に国立銀行券という紙幣を発行していました。これらの銀行は設立順に数字の名前がつけられたので、俗に「ナンバー銀行」などとも呼ばれています。

その結果としてインフレが横行したこともあり、明治15年（1882）に日本銀行が設立され、紙幣も日本銀行券に統一されていきます。

注

注1 ● 新貨条例: 明治4年（1871）に、当時の混乱した貨幣制度を整理し金本位制を確立する目的で、最初の統一的貨幣制度を定めた法令。しかし、当時の貿易事情やアジア諸国が銀本位制のため金本位制は確立できず、実際は金銀複本位制、後に銀本位制に移行した。

注2 ● 国立銀行条例: 明治5年（1872）に、不換紙幣の整理や殖産興推進のためにアメリカの銀行法をモデルに制定された条例。明治15年（1882）に日本銀行が設立されると、翌年に条例が改正され、明治32年（1899）までに普通銀行に転換した。

北海道の金融は函館から始まった

タンチョウ先生　よく調べていますね。それではここからは、北海道の金融の歴史に話を移していきます。

　北海道に初めて銀行が設立されたのは明治9年（1876）。三井銀行の出張店が函館につくられました。北海道の金融史は函館から始まるんです。ちなみに、三井銀行はナンバー銀行とは異なり「三井」という名前がついています。三井財閥は明治政府の金融面を支える特別なポジションを獲得していたことから、国立銀行ではない私立銀行として明治9年（1876）に三井銀行を設立しています。

　その後、函館の経済が発展していくにつれて金融需要も旺盛になり、明治11年（1878）に第百十三国立銀行が、明治12年（1879）に第百四十九国立銀行が設立されました。

　この二つの銀行には違いがあります。第百十三国立銀行は函館で商いを行う人たちが中心になってつくられたのに対し、第百四十九国立銀行は九州の島原藩[注1]と臼杵藩[注2]の士族によってつくられました。なぜ九州のお侍さんが北海道で銀行をつくったのかという話ですが、全国各地に国立銀行がどんどんと設立され、150くらいまで進んでくると北海道くらいしか余地がなくなってしまったんですね。それで政府から北海道での設立を促されたという形です。

明治10年代の三井銀行函館出張店（北海道大学附属図書館北方資料室所蔵）

エゾウサギ委員長　函館にあった三井銀行の出張店の写真を持ってきました。

　思ったより小さい建物ですね。

タンチョウ先生　初期の銀行はだいたいこんな感じです。お店があって、脇に火事に備えた蔵があるという構造です。当時の銀行は、今とは違ってごく限られた人しか訪れない場所でした。大きな商売を営んでいる人や富裕層が行くだけで、庶民が足を運ぶ場所ではなかったんですね。

エゾウサギ委員長　続いて第百十三国立銀行の函館本店の建物の写真です（次頁左上）。大正15年（1926）には壮麗な石造りの建物に改築されました（次頁右上）。

明治末期の第百十三国立銀行(北海道大学附属図書館北方資料室所蔵)

大正15年(1926)に完成した本店(現・SEC電算センタービル)

タンチョウ先生 この建物は今もまだ残っていて、企業の電算センターになっています。

　このころになると、銀行の建物はギリシャ様式やローマ様式のような荘厳な雰囲気の、石造りの建築が増えてきます。自らの信用を誇示するという狙いがありました。加えて函館の場合、火事も多かったので耐火性が高い石の建物が求められたんだと思います。

エゾウサギ委員長 なぜ、函館が金融の中心地になったんですか?

タンチョウ先生 シンプルに、本州から一番近かったからではないでしょうか。北海道を開拓するとき、最初に拠点となったのが函館。ここで海運業や漁業がまず栄え、それに連れて金融業も発展したんです。

> **注**
>
> 注1●島原藩:肥前国(現在の佐賀県・長崎県)島原周辺に存在した藩。
> 注2●臼杵藩:豊後国(現在の大分県)に存在した藩。

北海道金融の中心地が
函館から小樽へ

タンチョウ先生　ただ、函館の繁栄は長くは続かず、北海道金融の中心地は小樽に移っていきます。

　明治27年（1894）、余市に余市銀行が設立されます。余市銀行は3年後に本店を小樽に移し小樽銀行と名前を変え、最終的には旧・北海道銀行（現在の北海道銀行とは無関係）になりました。また明治32年（1899）には北陸の十二銀行（現・北陸銀行）が小樽に支店を進出しています。

エゾウサギ委員長　小樽には鉄道も走り、海運業の拠点としてどんどん発達していましたから、それに合わせて金融の中心地も移ってきたんですね。

タンチョウ先生　そういうことですね。十二銀行の進出はそれを象徴する動きでした。小樽と北陸との間では北前船の往来が非常に盛んで、小樽には北陸から移住した人が多く住んでいました。それらの人たちの資金需要に対応するために、十二銀行が進出してきたんです。

エゾウサギ委員長　モノが動き、ヒトが動き、お金も動く。金融を空間的に捉える、いい事例ですね。今でも北海道には北陸銀行の支店が多くあり、北海道銀行とほくほくフィナンシャルグループを形成していますが、その源流は明治時代にあったんですね。

タンチョウ先生　それに対し、地場の金融機関である余市

銀行にはユニークな一面がありました。

　余市は当時も今も漁業の街ですが、漁業をするためには船がいる。ということで造船業が発達します。造船業には多大な資金が必要ですから、それを支える金融機関として余市銀行が設立されました。

　造船業に必要なものが、もう一つあります。それは大量の木材です。そこで余市銀行は、赤井川村のあたりで森を切り拓き、木材を余市まで運んで船をつくるという流れに関わっていきます。

　さらに、切り拓かれた赤井川村の土地は畑として開墾し、ジャガイモなどを育て、それらがまた余市に運ばれて造船業や水産業を営んでいる人たちの食料になっていく。こんな循環に余市銀行は関わっていました。いわば、銀行と地域デベロッパーが一体になったような形で発展していったのが余市銀行、ということになります。

エゾウサギ委員長　小樽が金融で栄えていた時代でもう一つ触れておきたい話があります。

大正6年（1917）、小樽で北海道無尽（翌年に小樽無尽へと名称変更）という金融機関が設立されています。

タンチョウ先生　無尽 [注1] は江戸時代以前から日本に存在する相互扶助の仕組みで、明治期から戦前期に欠けては日本の庶民金融として一定の役割を果たしていました。

　小樽無尽は道内の複数の無尽会社と合併して大きくなり、北洋無尽と改称。戦後の昭和26年（1951）には北洋相互銀行となり、平成元年（1989）に普通銀行への転換と北洋銀

昭和10年（1935）に完成した小樽無尽本店（現・おたる無尽ビル）

行への商号変更が行われます。平成10年（1998）には北海道拓殖銀行の道内営業を譲り受け、平成20年（2008）には札幌銀行と合併し、現在は北海道トップの金融機関となっていますが、その始まりは小樽の小さな無尽であったというのは意外ですね。

エゾウサギ委員長 往時、小樽には「北のウォール街」と呼ばれるほど、銀行が建ち並ぶ一角がありましたが、小樽無尽の旧本店はそこから外れてポツンと建っています。

　ちょっと仲間はずれにされている感じもしますが、それが現在では道内トップの銀行になるというのは、非常にダイナミックな動きだと感じます。

タンチョウ先生 小樽は海運業や水産業、さらには北海道

各地と鉄道で結ばれ石炭の輸出港としても発展していきました。このような経済・産業の発展に合わせ金融業も発展し、北海道金融の中心地は函館から小樽に移っていきます。さらに付け加えるなら、時代が進むにつれて札幌の開拓・開発が進み、より札幌に近い小樽のほうが金融の中心地として適しているという意味もあったんだろうと思います。

エゾウサギ委員長　少し目線を変えます。

　明治中期〜後期になると、北海道の各地に次々と小さな銀行が設立されていきます。今では考えられないかもしれませんが、松前や江差、寿都などに本店を置く銀行があったんです。

タンチョウ先生　ほかにも積丹や岩内、古平などにも銀行がありました。これらに共通するのは北前船の寄港地であり、ニシンの漁場でもあった。ほかにも、第一世界大戦が始まると欧州向けの豆類の輸出が行われるようになった。樺太航路も開発された。

　そのような形で海運の重要性がますます高まっていく。今のように陸地に高速道路や国道が整備されている時代ではありませんから、海自体がハイウェイのような意味を持っていました。その重要性を表すように、港町にどんどん銀行がつくられていった。これらを私は勝手に「港町系銀行」と呼んでいます。

　このような流れの中で、海運や輸出の中核都市である小樽の金融機能は、より強化されていきました。

> **注**
>
> 注1 ● 無尽：鎌倉時代の文献にも記述がある庶民の金融を指す。関東では無尽、関西では頼母子講とも称される。困窮者の救済、社寺の維持・修繕 などが目的とされた。

金融史に刻まれる北海道拓殖銀行（拓銀）の存在

エゾウサギ委員長　そのようにして小樽が北海道金融の中心を担う時代が続きましたが、その地位は次第に札幌に移っていきます。

タンチョウ先生　北海道の金融史を語る上で、北海道拓殖銀行（拓銀）の存在は重要です。

　拓銀は明治33年（1900）、札幌で開業しました。拓銀というのは、北海道拓殖銀行法に基づき設立された、一言で言えば国策銀行。農地を担保にして開拓農民たちに貸付を行い、北海道の開拓を進めていく目的で、日清戦争の賠償金や皇室からの御下賜金などを基盤につくられました。

　しかし、開拓が一定進んでくると、拓銀も他の領域に進出したいという野心が芽生えてきたのでしょう。昭和2年（1926）に旭川の絲屋銀行を吸収したのはその象徴と言えます。絲屋銀行は道内各地、どちらかというと内陸部に支店網を持っていた銀行で、それを吸収することで拓銀は一気に全道展開を加速することができました。

　そのようにして、札幌に拠点を置く拓銀が次第に力をつ

銀行店舗数に占める札幌・函館・小樽のシェア（齋藤一朗さん作成）

けていったことに加え、日本が戦時体制に進んでいったことが札幌中心化の流れを加速させていきます。軍事費を中心に国家の予算規模が拡大するにつれて公金を取り扱う道内外の銀行が、行政都市である札幌に拠点を置き始めた。1930年代から40年代（昭和初期〜戦中戦後）にかけて、銀行の店舗の数は小樽や函館に比べて札幌が多くなっていきました。

そのような具合で北海道では拓銀と旧・北海道銀行の二強による競争が続いていたのですが、第二次世界大戦中に国策として一県一行主義[注1]が推進されたことにより、昭和19年（1944）に両行が合併。拓銀のみが残るという構図になりました。

明治末期の北海道拓殖銀行（北海道大学附属図書館北方資料室所蔵）

　さらに昭和20年（1945）には、それまで小樽に本店を構えていた北洋無尽（旧・小樽無尽）が札幌に移転し、北海道金融の中心としての札幌の地位が確固たるものとなりました。

エゾウサギ委員長　そして、敗戦を迎えるんですね。

　戦後も札幌の地位は揺るがず、昭和26年（1951）には新たに北海道銀行（余市銀行を前身とする旧・北海道銀行とは無関係）が誕生。同年には先ほど触れたように北洋無尽が北洋相互銀行に改組されています。前後しますが、昭和25年（1950）には北海道無尽（北洋無尽の前身とは別）が新たに設立され、翌年には北海道相互銀行に名称変更（後の札幌銀行）。これらの銀行はすべて、札幌に本店を構えてい

ます。昭和30年（1955）には拓銀が普通銀行に転換し、戦後の北海道金融界の骨格が固まりました。

> **注**

注1 ● 一県一行主義：昭和11年（1936）に、広田弘毅内閣が国債消化の推進と生産力拡張資金の調達能力を上げることを目的に行った大蔵省の政策。昭和24年（1949）、吉田内閣が一県一行主義の緩和を表明した結果、以降地方銀行の新設が認められるようになった。

地域の金融を支える信用組合と信用金庫

エゾウサギ委員長　ここまでは主に銀行の話をしてきましたが、地域の金融を支える存在としての信用組合や信用金庫についても触れておきたいと思います。

　信用組合は、前に解説した無尽や講という仕組みが源流になっています。明治に入ると、ドイツの制度をお手本に産業組合という仕組みが日本にも導入され、大正時代には中小の商工業者のための市街地信用組合や、産業組合から発展した準市街地信用組合という制度ができていきます。

タンチョウ先生　信用組合というのは、言ってみれば小さな銀行です。

　北海道だと帯広が典型ですが、銀行をつくろうとしてもなかなか資金が集まらず、それより小さい規模で立ち上げられる仕組みということで信用組合が設立されるケースが

多かったんですね。

　一方、信用金庫は似たような性質を持っていますがもう少し新しい仕組みで、戦後に信用金庫法という法律が施行されてできた仕組みです。

　銀行は、誰から預金を集めるか、誰に資金を貸すかということについて制限がなく、株式会社の形態で利潤の原理に則って金融業を営みます。それに対して信用組合は、組合員たちがお金を出し合って運営する。お金を預かるのも貸すのも組合員に限定される。目的も、利潤よりは相互扶助を重視します。

　信用金庫はその中間で、貸し出し先は会員に限られるけど預金は制限なく集めることができる。相互扶助の精神は持ちつつ、業態としては銀行に近いという捉え方ができると思います。

エゾウサギ委員長　現在、北海道信用金庫という非常に大きな信金があります。

　これは平成30年（2018）、札幌信用金庫、小樽信用金庫、北海信用金庫の3つが合併したもので、預金残高は約1兆2,500億円と、道内では北洋銀行、北海道銀行に次ぐ規模です。この北海道信金は、もともとは山鼻信用組合といって、札幌市の山鼻地区に本店を構えていました。

　次頁の写真は最初の本店ですが、これは神田組合長の自宅なんですね。

タンチョウ先生　山鼻の街は屯田兵[注1]によって開拓されましたが、開拓が進んでいくとかつての屯田兵が土着化

創業当時の山鼻信用組合（北海道信用金庫提供）

商工業を営む人が出てきて、彼らの商売を支えるための金融が必要になってくる。だったら自分たちでつくってしまえ、ということでできたのが山鼻信用組合と言われています。

　という具合で、小さな商売や庶民の金融として始まった信組、信金には本来、地域密着という性格があると思っています。ですが、現在の北海道信金はかなり広域のエリアをカバーする金融機関になっていて、規模が大きくなったメリットはあるけれども地域への密着度が薄くなってしまうデメリットもあるのではないかと危惧しています。

> **注**
>
> 注1 ● 屯田兵：黒田清隆の建議により、明治7年（1874）に制度化。収入を失った士族の救済を兼ねて、北海道の北方警備・開拓にあたった農兵で、平時は農業を営み戦時は軍隊に編成された。明治37年（1904）に廃止。

拓銀破綻による北海道経済への影響

エゾウサギ委員長 戦後、北海道の金融は札幌を中心に発展していきます。その中心にいたのが拓銀です。

昭和30年（1955）に普通銀行に転換し、都銀懇話会 [注1] にも参加して都市銀行の一角に名を連ねるなど、順調に成長していましたが平成9年（1997）、経営破綻してしまいました。

タンチョウ先生 当初は北海道開拓における資金需要に対応するための銀行という位置づけであった拓銀が、徐々にその性格を変えていったという話は先ほどしたとおりです。戦後、一県一行体制が崩れて以降も北海道のリーディングバンクとしての役割が期待され、その地歩を築いていったわけですが、私は拓銀の不幸は都銀懇話会に参加したことにあったのではないかと考えています。

本来、北海道を地盤にした銀行なわけですから全国地方銀行協会 [注2] に入り、地銀として生きていけばよかったのではないかと思うんです。しかし、国策銀行として始まったプライドがあったのか、都銀になることを目指してし

まった。

しかしながらどんなに都銀だと威張ってみたところで、当時12行あった都銀の最下位に過ぎない。さらに言えば、横浜銀行や常陽銀行のような有力地銀に資金量で抜かれるようにもなってしまった。一方、北海道経済の中心であるという自負もある。そんな微妙なポジションだったんだと思います。

エゾウサギ委員長　拓銀破綻の背景には、平成2年（1990）に策定された「たくぎん21世紀ビジョン」という構想があると聞きました。

タンチョウ先生　はい。「たくぎん21世紀ビジョン」の中に「インキュベーター路線」という戦略がありました。企業成長や不動産開発に積極的に融資をしていくという考え方でしたが、バブル崩壊によって頓挫。巨額の不良債権を抱えることになってしまいました。

エゾウサギ委員長　拓銀破綻を報じた当時の新聞を見ると、サッカー日本代表のワールドカップ初出場を差し置いて、1面トップです。拓銀破綻の影響は大きかったのでしょうか？

タンチョウ先生　北海道トップの金融機関の破綻ですから、影響は決して小さくなかったとは思います。一方、北洋銀行に営業譲渡できたので、さほど大きな傷にならなかったという評価もできると思います。

それよりは精神的、心理的な影響が大きかったのではないかと個人的には考えています。

やはり、北海道のリーディングバンクを失ったというのは道民の心に大きな影を落としたと思います。また、拓銀が新規事業などに積極的に融資したことで破綻したというのが教訓として北海道の銀行員に刻まれたことで、ともすれば新しい挑戦に対して消極的、保守的という文化が生まれてしまったのではないかと感じることがあります。
エゾウサギ委員長　それは、現在も続いていますか？
タンチョウ先生　データを見る限り、やや安定志向が強いのではないかと感じます。リスクをとって新たな産業に投資するというよりは、地方自治体等にお金を貸して安定的に運用するという傾向が強いと思います。

注

注1●都銀懇話会：日本の都市銀行による任意の業界団体。都市銀行は最盛期に15行存在したが、令和6年（2024）現在では4行のみとなっている。
注2●全国地方銀行協会：「地方銀行の健全な発展を通じて金融経済の伸長に寄与し、もって公共の利益を増進すること」を目的とする一般社団法人。

未来の北海道のために

エゾウサギ委員長　たしかに拓銀のインキュベーター路線は失敗してしまったかもしれない。でもそれで萎縮して金融が消極的になってしまったら、北海道経済の未来にはマイナスになってしまうのではないかと感じます。
タンチョウ先生　そうですね。

新しい産業を興していこうとすれば、当然お金が必要になってきます。もちろん、新しい産業だからリスクがあるのだけれど、そのリスクをとれないということであれば銀行の存在意義自体が疑われることにもなりかねません。
　北海道の金融の歴史を見る中で、産業の発展やヒト・モノの動きに合わせてお金が動くということがよく理解いただけたのではないかと思います。
　逆に言えば、お金の流れが滞ればヒト・モノの流れも停滞しかねない。その重要性を、改めて訴えたいと思います。
エゾウサギ委員長　北海道では今、ベンチャーキャピタルファンドやクラウドファンディングなどを通じて、新しい挑戦にお金をまわしていこうとするプレイヤーが増えてきています。また、地域通貨やデジタル通貨など、新しい技術や概念を用いて地域経済を活性化させていく動きも興りつつあります。その中で、銀行をはじめとした金融機関がどう変わり、関わるのか、注目したいと思います。

テスト

問1 「金融」という言葉の語源となったものは?
①仏教　②ことわざ　③古事記　④日本書紀

問2 明治期の函館には国立銀行が2行設立されたが、民間主体で函館経済を支えた銀行はどれか?
①第十二国立銀行　②第四十四国立銀行　③第百十三国立銀行　④第百四十九国立銀行

問3 かつては北海道拓殖銀行と双璧を成した、旧・北海道銀行の発祥地はどこか?
①余市　②小樽　③江差　④岩内

問4 北陸地方と北海道は歴史的に結びつきが強い。十二銀行(現・北陸銀行)は明治32年(1899)に初めて北海道に支店を構えたが、その場所はどこか?
①函館　②小樽　③札幌　④根室

問5 現在の北海道信用金庫は、札幌信用金庫・小樽信用金庫・北海信用金庫(余市本店)が合併して誕生した。では、札幌信用金庫は当初どこに設立された?
①狸小路　②山鼻　③円山　④本郷

2時限目　金融

解答一覧

問1 [答え] ①仏教

「まずは日本の金融の歴史を知ろう」を参照。江戸時代から日本に存在する相互扶助の仕組みである「無尽」も、仏教に由来する言葉です。

問2 [答え] ③第百十三国立銀行

「北海道の金融は函館から始まった」を参照。北海道で初めての銀行である三井銀行出張店も、函館に設置されました。

問3 [答え] ①余市

「北海道金融の中心地が函館から小樽へ」を参照。金融の中心地が函館から小樽に映る中で、明治28年（1895）に設立の江差銀行や明治31年（1898）設立の寿都銀行などが設置され、漁業が盛んだった後志地域での金融の重要性が高まっていました。

問4 [答え] ②小樽

「北海道金融の中心地が函館から小樽へ」を参照。十二銀行（現・北陸銀行）は金沢本店の第十二国立銀行と富山本店の第百二十三国立銀行が合併して設立されました。今では、ほくほくフィナンシャルグループに代表されるように北海道銀行との関係性を深めています。

問5 [答え] ②山鼻

「地域の金融を支える信用組合と信用金庫」を参照。大正10年（1921）に有限責任山鼻信用組合として設立されたのが始まりです。

3時限目
経済・産業

エゾウサギ委員長 3時限目のテーマは「経済・産業」です。前回学んだ「金融」には、実体経済を動かす血液としての機能があります。今回学んでいくのは、身体としての経済と産業です。北海道という未開拓の広大な大地に、産業がどのように形成されて経済が発展していき、現在に至るのかを学んでいきます。

今回は、札幌・北海道経済を分析しているエゾオコジョ先生と、IT業界を牽引してきた連続起業家でもあるオオワシ先生のお二人をお招きして、クマカムイ教授と共に北海道の経済・産業の変遷を辿っていきます。

3時限目の先生は？

エゾオコジョ先生
札幌・北海道経済を分析している札幌経済のエキスパート。

オオワシ先生
IT業界を牽引してきた連続起業家。デジタル領域における起業の専門家。

クマカムイ教授
古地図や写真などから札幌や北海道の歴史を読み解く、教え上手な教授。

製造業が弱い札幌

エゾウサギ委員長 ではさっそく、札幌の経済・産業について学んでいきたいと思います。産業を分類する際、一次産業・二次産業・三次産業 [注1] という言い方をします。

札幌はこの3つの構成でほかの都市と異なる特徴があるという話を聞いたことがあります。

エゾオコジョ先生 はい。まず北海道全体の産業構成を見てみると、やはり全国平均に比べて一次産業の割合が大きいことがわかると思います。また、二次産業が弱く、三次産業が強いと言えます。

続いて札幌ですが、北海道全体でも二次産業、すなわち製造業の弱さが指摘されるのに対し、札幌は輪をかけて二次産業のウェートが低い。これは全国の政令指定都市と比べても顕著です。

エゾウサギ委員長 何か理由はあるのですか？

エゾオコジョ先生 いくつかあると思います。札幌は港が近いわけではなく、製造業に適した立地とは言えません。また、平地が少なく、平地は住宅街として開発され尽くしている感もあります。工業団地のようなまとまった土地を確保することが難しいのだと思います。

さらにいうと、製造業を営むには人件費や地代が高いところは不適です。鶏が先か卵が先かという話ですが、サー

ビス業が発展した札幌は、そのような条件を満たしにくいと言えます。

エゾウサギ委員長 なるほど。地理的な条件が影響しているんですね。

さて、弱いとされる札幌の製造業ですが、強い分野もあります。それが食料品製造業です。それはなぜか。歴史を紐解きながら見ていきたいと思います。

> 注

注1●一次産業・二次産業・三次産業：一次産業は主に農林水産業、二次産業は主に製造・建設業、三次産業は主にその他サービス業を指す。

北海道は官業から始まった

エゾウサギ委員長 北海道の産業の歴史は開拓の歴史でもあります。

明治2年（1869）に開拓使が設置され、北海道の開拓が本格的に始まっていきますが、その初期に開拓使は官業としてさまざまな事業を立ち上げました。ビール、砂糖（精糖）、缶詰、醤油などなど。いろいろなものをつくっていたんですね。

クマカムイ教授 北海道開拓の主な担い手は士族、つまり江戸時代の武士階級でした。

明治維新後、職を失った士族をどう処遇するか苦慮した

明治政府は、その人的資源を北海道開拓に活用する方針を決めます。これが屯田兵です。

前にもお話ししたとおり、北海道はロシアの南方進出に備える国防の役割も求められましたので、いざとなれば先頭に参加できる士族の存在は、非常にありがたかったわけです。

屯田兵が入ってきて開拓が進むんですが、最初にやらなければならないことは何か。それは農業や漁業の確立です。土地を開墾して作物を育て、まずは自分たちが食べられるようにしなければならない。続いて、生産量が増えてくればそれを道外に送ることもするし、加工して売ることもできるようになる。そのようにして、開拓時代の初期には食料品の製造業が立ち上がってきたんですね。

エゾウサギ委員長　先ほど言ったように、開拓初期の産業育成は主に官によって推進されたわけですが、これらの政策に大きな影響を与えた人物を二人押さえておきたいと思います。それは黒田清隆（きよたか）[注1]と岩村通俊（みちとし）[注2]です。

黒田は後に内閣総理大臣、岩村も初代北海道庁[注3]長官を務めることになりますが、この二人が明治4～5年（1871～72）ごろのツートップです。

クマカムイ教授　この二人、じつは同い年なんですが、開拓使内の立場では次官を務める黒田のほうが判官（はんがん）の岩村より上。長官は別にいたのですが、次官の黒田が事実上のトップでした。

黒田は東京にいながらにしてトップに君臨し、岩村は現

開拓次官 黒田清隆〈1840〜1900〉
(国立国会図書館所蔵)

開拓判官 岩村通俊〈1840〜1915〉(北海道大学附属図書館北方資料室所蔵)

場を仕切っていたんですが、この二人はとにかく仲が悪かった。反りが合わないんです。

　例えば開拓十ヵ年計画というのが定められ、当時の金額で1,000万円の予算がつけられたのですが、それをどう使うか議論がかみ合わない。現場にいる岩村は道路など生活をしていくためのインフラ整備を積極的に進めたい立場ですが、黒田はまず産業を興すことが先だと主張する。官主導でいろいろな工場をつくって産業を奨励し、インフラ整備はその後でいいじゃないかと考えた。

　この二人の諍いはどんどん激しくなり、最終的には岩村が罷免されて黒田主導で産業振興策が進んでいくことになります。黒田の方が一枚上手だったんですね。それで、道

明治9年（1876）開拓使麦酒醸造所の開業式（北海道大学附属図書館北方資料室所蔵）

路建設などはいったん中断して、先ほどエゾウサギ委員長が挙げたようなさまざまな官営工場がつくられました。

エゾウサギ委員長　そのようにしてつくられた工場の一つである麦酒醸造所、ビール工場の開業式の写真（本頁上）があります。樽には縦書きで「麦とホップを製すればビイルとゆふ酒になる」と書いてありますね。

クマカムイ教授　この樽のレプリカは今のサッポロビール園にもありますね。

　こちら（次頁左上写真）は開拓使時代のビールに貼られていたラベルですが、開拓使のマークでもある赤い五稜星が描かれています。これも今のサッポロビールの社章に継承されています。

開拓使時代のビールのラベル　開拓使石狩缶詰所（北海道立文書館所蔵）
（丸善雄松堂株式会社所蔵）

　こちら（本頁右上写真）は石狩につくられた、日本初の缶詰工場。サケの缶詰を輸出して外貨を稼ぐ狙いがありました。現在の根室管内別海町にあった工場でつくられた缶詰のラベルには英語も併記（次頁写真）されていて、輸出を意図していたことがわかると思います。

　ほかにもいろいろな製品が試行錯誤されまして、例えば養蚕（ようさん）やそこから糸をつくる製糸工場などもつくられました。製糸工場は多くの女性労働力を必要とするため札幌の市街地の近くにつくられ、蚕（かいこ）を育てるために大量の桑の葉が必要となることから、現在の知事公館の周辺に桑畑もつくられた。それが今の桑園（そうえん）という地名にもつながっています。

注

注1●**黒田清隆**：天保11年（1840）〜明治33年（1900）。薩摩藩出身で、開拓次官・長官を務めた。明治21年（1888）からおよそ1年半、内閣を組閣した。
注2●**岩村通俊**：天保11年（1840）〜大正4年（1915）。土佐藩出身で、開拓

別海製缶所の缶詰ラベル（北海道立文書館所蔵）

判官・各地の県令を歴任する。明治19年（1886）に北海道庁が設置されると、初代北海道庁長官として北海道開発を主導し、東京・京都に次ぐ「北京」を旭川に設置する構想を主張した。

注3 ● 北海道庁：明治19年（1886）の三県（札幌県・函館県・根室県）廃止に伴い、同年から昭和22年（1947）まで存在した、内務省管轄の行政機関。現在の北海道庁とは同名称であるが、法制度において異なる。

明治政府を揺るがした払下げ事件

エゾウサギ委員長 このようにして北海道初期の産業は黒田清隆によって官主導で立ち上がっていきましたが、明治14年（1881）にその転機へとつながる大事件が発生します。開拓使官有物払下げ事件 [注1] です。

先ほどクマカムイ教授からの解説でも触れられていたように、開拓使は明治4年（1871）から10年間にわたる開拓計画を策定しており、それを終えた明治15年（1882）には

廃止される予定でした。そして、開拓使が保有していた事業は民間に払い下げられる方針になったんですね。

クマカムイ教授　はい、そのとおりです。そしてこのとき、黒田が開拓使の工場や土地などを同じ薩摩藩出身の実業家に不当に安く払い下げようとしたということがマスコミにリークされ、大問題になりました。

　この背景には、早稲田大学の創設者で黒田の政敵である大隈重信 [注2] の存在があり、大隈と関連が深かった会社も北海道の官営事業の買い取りに名乗りを上げたのですが、黒田に却下されていました。それを恨みに思ったのかはわかりませんが、大隈は徹底的に黒田を批判しました。

　話はこじれて、今度は大隈の政敵である伊藤博文 [注3] が「大隈は政府の方針を公然と批判してけしからん」と怒って、大隈を政治の中枢から追放してしまう。一方、払い下げに対する国民の不満も非常に激しいものであり、黒田も閑職に追いやられました。これを明治十四年の政変 [注4] と言います。

エゾウサギ委員長　この事件は、最終的に伊藤博文主導による国会開設にまでつながっていきますが、その起点が北海道開拓使にあったんですね。

クマカムイ教授　このようにして黒田清隆が失脚し、開拓使も廃止。札幌県・函館県・根室県の三県時代を経て、明治19年（1886）には北海道庁が設立されます。ここから北海道開拓が次のステージに進むのですが、この北海道庁の初代長官になったのが、なんと黒田との争いに敗れた岩村

でした。見事な復活です。
　一方の黒田も、後に総理大臣になるような実力者ですから、そんなに長くくすぶっているはずもなく、明治20年(1887)には第一次伊藤内閣で農商務大臣に就任します。ここでまた黒田 vs 岩村のバトルが勃発するんですね。
エゾウサギ委員長　なんと！
クマカムイ教授　黒田は日本全国の産業政策を司る立場になりましたが、北海道での成功体験があるので、官主導での産業振興を推進し、官営工場をどんどん興そうとします。殖産興業 [注5] 政策です。
　それに対して岩村は、いつまでも官主導じゃダメだ、民間主導で産業を強くしていくんだと主張し、再び黒田と対立します。そして岩村は、北海道に残っていた官営事業を、次々に民間に払い下げていくんです。
エゾウサギ委員長　黒田の払い下げと同じようなことを、岩村もやろうとするんですね。
クマカムイ教授　岩村はさすがに身内に払い下げることはしなかったんですが、結局本州の大資本や財閥に安く事業を売ってしまった。これは当時はあまり批判されることはなかったようなんですが、結局同じような結果になってしまったというのは皮肉に感じます。
　ちなみに黒田と岩村の対立の形跡かもしれないものが現代の札幌にも残っています。
　札幌の地図を見ると、中心部の碁盤の目と南側の山鼻地区の碁盤の目の向きが微妙に異なっています。ゆえに東本

願寺や札幌医大の周辺には、少し変形した交差点が多いんです。

　これは、中心部の区画整備が岩村主導で行われたのに対し、山鼻屯田兵村は黒田主導で整備され、両者の間で適切に意図の引き継ぎが行われなかったからではないかと私は想像しています。

エゾウサギ委員長　そんなところに影響が残っているんですね。

クマカムイ教授　黒田はその後、総理大臣になりますが、そこでやったのが北海道庁長官である岩村の罷免です。対立は最後まで続いていたんですね。

注

注1●**開拓使官有物払下げ事件:** 明治14年（1881）に、開拓長官黒田清隆が、薩摩藩出身の政商である五代友厚の関西貿易社に、官有物を法外な安価で払い下げる計画が政治問題化した事件。

注2●**大隈重信:** 天保9年（1838）〜大正11年（1922）。佐賀藩出身で、明治政府では参議・大蔵卿などを務めた。明治十四年の政変［注3］で政府を追放され、明治15年（1882）に立憲改進党を結成し、同年東京専門学校（現・早稲田大学）を設立。明治21年（1898）に板垣退助と憲政党を結成して初の政党内閣を組閣。大正3年（1914）に2度目の内閣を組閣。

注3●**伊藤博文:** 天保12年（1841）〜明治42年（1909）。長州藩出身で、明治十四年の政変後に政府の中心人物となる。明治15年（1882）に渡欧し帰国後、華族制度・内閣制度を創設し、明治18年（1885）に初代内閣総理大臣となる。その後、大日本帝国憲法や皇室典範の制定の中心を担う。

注4●**明治十四年の政変:** 明治14年（1881）に、参議大隈重信らが憲法制定と国会即時開設の意見書を出し伊藤博文らと対立したことで、大隈らが罷免された政変。伊藤らは払い下げを中止し国会開設の勅諭を出し、憲法制定や

国会開設を求める自由民権運動は次の段階に進むことになった。
注5 ● 殖産興業：富国強兵の基礎として、明治政府が推進した明治時代前期の近代産業育成政策を指す。

石炭によって発展する北海道の工業

エゾウサギ委員長　ここまでが北海道産業の確立期と言える期間です。続いて発展期の歴史を見ていきたいと思います。明治37年（1904）に日露戦争が始まり、北海道にも戦争マネーが流れ込むことで工業発展の基礎ができていきます。明治40年（1907）には室蘭で日本製鋼所が開業。明治43年（1910）には第一期拓殖計画がスタート。15年間に及ぶ開発計画が進んでいきます。

クマカムイ教授　このころ、北海道の産業振興を支えた存在として三井財閥があります。

　北海道で多くの炭鉱を運営していた三井鉱山、苫小牧に大きな製紙工場を構えた王子製紙、炭鉱を結ぶ鉄道網を保有した北海道炭礦汽船[注1]はみな、三井財閥の企業です。北海道炭礦汽船からは日本製鋼所が生まれ、王子製紙の子会社として定山渓鉄道などが生まれています。

　もちろん三井だけでなく、三菱や住友など、大手財閥はこぞって北海道に進出しました。先ほど岩村による払下げの説明をしましたが、岩村は北海道資本の産業を育てるということにはあまり興味がなく、本州の大資本に北海道の

産業経営を任せようという考え方でした。

　このようなこともあり、北海道に財閥が進出する足がかりがつくられ、20世紀に入ると、財閥による投資がますます拡大していきます。

エゾウサギ委員長　炭鉱の存在も大きいですよね。

クマカムイ教授　そうですね。当時、石炭は国のエネルギー源の根幹として位置づけられていました。石炭が豊富に採れる北海道は、今でいう中東の産油国のように見えたのかもしれません。

　石炭と同時に重要なのが鉄道です。炭鉱でとれた石炭を港に向かって大量に輸送するため、次々に鉄道が敷設されていきました。

　当時の大きな港は小樽と室蘭。空知の炭鉱からこれらの港に向かう鉄道が、それこそ毛細血管のように伸びていきます。そして、その途中にある江別や苫小牧などにも大きな工場が建てられていきました。

エゾウサギ委員長　北海道には大きな製紙工場がいっぱいあったんですよね。

クマカムイ教授　紙をつくるには大量のエネルギーと木材、水が必要になりますが、そのすべてが北海道にはありました。釧路にも日本製紙の工場がありましたが（2021年に撤退）、これも釧路で石炭が採れたから選ばれた立地です。

エゾウサギ委員長　この授業の冒頭、現代の札幌は二次産業、つまり製造業が弱いということを確認しました。

　このように歴史を見てみると、製造業の中でも基幹とな

昭和20年(1945)の鉄道網

る重厚長大な工業は炭鉱や港の有無という要素で立地が選ばれていくと考えられ、そのいずれも存在しない札幌はそもそも、その適地ではなかったということがわかってきますね。

> 注

注1 ● 北海道炭礦汽船: 明治22年(1889)に、堀基が中心となって北海道炭礦鉄道会社として設立。明治39年(1906)に社名変更。平成7年(1995)をもって国内の石炭生産から完全撤退。令和6年(2024)現在は、石炭を中心とする専門商社として活動している。

満州国と北海道

エゾウサギ委員長　第一期拓殖計画は一定の成果を挙げました。大正9年（1920）には工業生産額が農業を上回り、計画終了時点で北海道の人口は約243万人にまで増えました。

　そこで政府は昭和2年（1927）、今後20年間の第二期拓殖計画 [注1] を策定し、さらに北海道の発展を推進しようとします。具体的には当時の金額で9億6000万円もの投資を通じ、北海道の人口を600万人にまで伸ばそうとしました。

クマカムイ教授　ところがこの第二期計画は大失敗に終わりました。

それにはいくつかの要因があります。恐慌後の不景気で予算が不足したこともありますし、当然第二次世界大戦の影響もあったのですが、私は満州国の存在が大きいと考えています。

エゾウサギ委員長　満州国 [注2] は、現在の中国東北部にあった日本の傀儡国家ですね。

クマカムイ教授　満州事変 [注3] を経て満州国が建国されたのが昭和7年（1932）です。

　満州の国土は約119万平方kmで、北海道の14倍以上。広大な土地が突如日本の影響下に置かれました。ここを開拓するために日本各地から移民を求めるようになったことで、

これまで北海道が果たしてきた役割の一部が満州国に移ってしまったんです。

エゾウサギ委員長　かつては、主に失業した士族の受け入れ先として北海道への移民が推進され、その後も炭鉱や漁業、工業の発展に伴い各地の人口を北海道が吸収してきたけど、その地位が満州国に移ったということですか。

クマカムイ教授　そういうことです。長野県の満蒙開拓平和記念館にある資料によれば、長野県からだけでも二十数万人が満州に移住しています。さらには、かつて移住を受け入れる側だった北海道からも、開拓や大規模農業の経験者たちが満州に移住しました。

　実際、昭和5年（1930）から昭和20年（1945）の統計を見ると、北海道の人口増加の割合がガクッと下がっています。第二期拓殖計画は昭和21年（1946）まで続けられますが、結局北海道の人口は350万人程度までしか増えず、計画の半分も達成できずに終わってしまいました。

　ここで、少し過激な表現になってしまうかもしれませんが、ここまでの北海道の産業の歴史を振り返ってみたときに、北海道は当時の日本という国にとって植民地のようなものだったんだろう、と思うんです。

エゾウサギ委員長　植民地ですか？

クマカムイ教授　明治期、北海道は未開の土地が多く、道外の生活や経済などを成立させるために利活用する植民地のような存在だったと言えます。そこに移民をし、投資をして産業を根付かせ、そこで生産される食糧や資源、工業

製品などが、国の発展を支えることとなった。

　じつは北海道は昭和22年(1947)に地方自治法が適用されるまで、他の府県とは異なる取り扱いを受けていました。他の府県が内務省の監督下の自治体であったのに対し、北海道庁は内務省が直接管理する役所。その中で、例えば土地の購入・所有などさまざまなところで特例が認められ、発展を後押ししてきたんです。

　そのような特別な地位が、満州国のような大規模な植民地が海外にできることで、宙ぶらりんになってしまったわけです。

注

注1 ● 第二期拓殖計画: 内務省(北海道庁)の号令の下、昭和2年(1927)から昭和21(1946年)の20年間で、人口並びに食糧政策の観点から、農地開墾や農業経営の改善、人口600万人の目標を掲げられた開拓計画。
注2 ● 満洲国: 関東軍が溥儀を執政とし、新京(長春)を首都として昭和7年(1932)に発足させた国家。実態は植民地であり、日本の敗戦により消滅。
注3 ● 満州事変: 昭和6年(1931)、柳条湖事件を発端として始まった、関東軍による中国東北部への侵略戦争。

再び、石炭によって牽引される成長

エゾウサギ委員長　昭和20年(1945)に第二次世界大戦が終結。戦前・戦中を通じて北海道の産業を牽引した石炭ですが、特に戦時中の総動員体制の中で生産量が大きく伸び

ました。しかし昭和21年（1946）の統計を見ると、昭和16年（1941）の半分以下に減ってしまっています。

クマカムイ教授　戦争で受けたダメージもありますし、戦時中に海外の支配地などから集めた労働力が終戦を迎えてそれぞれの母国に帰還したため、労働力が不足したという事情もあっただろうと思います。当時の炭鉱は機械化が十分ではなく人力に拠る部分が大きかったので、労働力の変化が生産量に色濃く反映されていましたから。

エゾウサギ委員長　しかしその後、北海道の人口は急速に増えていきます。昭和25年（1950）には人口が400万人を突破し、増加率も20％近い数字になっています。

クマカムイ教授　戦後、北海道が果たした役割の一つが人口吸収です。海外からの引揚者や道外で空襲などの被害を受けた人々を受け入れました。

　狙いの一つは食料増産。一次産業に従事してもらうことで、戦後の食料不足に対応していこうとしました。

　そしてもう一つが、石炭の増産です。戦後復興期の日本を支えるエネルギー源として、石炭は極めて重要な地位を占めました。石炭がなければ汽車も走らないし、工場も動かない。なんなら建物の暖房も使えないわけです。

　当時の国の政策に傾斜生産方式[注1]というものがあります。石炭や鉄鋼という基幹産業に集中的に資材、資金を投入し、産業全体の復興を加速させるという考え方です。

　この政策に基づき、北海道の石炭増産が強く求められ、そのために必要な労働力を全国から集めるという構図が生

まれました。結果、北海道の石炭生産量は順調に回復し、1950年代半ばには戦前に近い水準まで戻りました。

　明治以降、北海道は移住を受け入れて全国の食糧やエネルギー供給を担う植民地的な性格があったと述べましたが、この部分だけを見ると、その位置づけは戦後も変わらなかったのではないかという気がします。

エゾウサギ委員長　例えば夕張などは、本当に栄えていたんですよね。一時は10万人以上の人が住んでいたと聞きます。

クマカムイ教授　昭和31年（1956）には夕張の人口は12万人に迫りました。

　夕張の夜景を収めた写真があって、すごくきれいなんですよ。夕張には当時、空知地方唯一のデパートがあり、大変な人出で賑わっていました。このデパートの最上階にあるレストランで食事をするのが、夕張の人たちの週末の楽しみだったそうです。

エゾウサギ委員長　戦後も再び、石炭が北海道の経済成長を牽引していったんですね。

　しかし、その繁栄は長くは続きませんでした。日本のエネルギー源は徐々に石炭から石油に転換されていき、早くも昭和30年代半ばからは炭鉱の閉山が広がっていきました。

クマカムイ教授　この頃の炭鉱の閉山は効率の悪い小規模な炭鉱を閉じ、大規模な炭鉱に集中投資するスクラップ・アンド・ビルドと呼ばれる合理化政策によるものでした。

しかし、その流れの中でできた新しい大規模な炭鉱は、最新の設備が導入されて効率化が実現する一方、国の補助金が投入され、厳しい生産目標を課せられることにもなりました。生産目標を達成できなければ補助金が打ち切られるというプレッシャーがあり、そもそも石炭の需要自体が下火になっていく中、労働者は大変な苦労をして石炭を掘っていた。

そんな中、あの悲劇的な事故が起こってしまうんです。

> 注

注1●傾斜生産方式: 戦後の産業復興を目的に、石炭・鉄鋼などの基礎産業部門に資材・資金を重点的に投入し、あらゆる分野の増産に繋げようとした経済政策。有沢広巳が提唱し、片山・芦田内閣が実施。

石炭の時代の終わりを決定づけた夕張新炭鉱事故

クマカムイ教授 昭和56年(1981)10月16日、北海道炭礦汽船(北炭)が運営する夕張新炭鉱の内部で、ガスが突出したんです。夕張新炭鉱はスクラップ・アンド・ビルドで言えばビルド側の新しい炭鉱でした。

複雑に入り組んだ坑道の奥でガスが出て、大勢の人が逃げ遅れてしまった。救援隊が駆けつけたけど、ガスが充満して中に入ることもできない。中では火災も起きていて、燃料となるガスが出続けている状態だから消火もままなら

北炭夕張新炭鉱の通洞口

ない。救助することは難しい。

　会社は行方不明になっている家族の方を集め、状況を説明します。この状況を収めるためには、川の水を引き入れて火を消すしかない、と。

　家族は猛反発します。当然です。まだ安否不明なだけで、中で生きているかもしれない。でも水を入れたら確実に亡くなってしまう。それで会社も、一旦は注水を断念することになりました。

　しかし数日経っても火災は収まりませんでした。もう水を入れるしかない。会社は再び家族を説得しました。家族からは「命をよこせというのか」という声も出て、社長が涙ながらに「お命を頂戴します」と答える場面もありました。結果、10月23日に注水することが決定されました。

　注水の当日、まず職員が花を供え、お昼過ぎに市内にサイレンが鳴り響き、水が入れられました。関係者のみならず、夕張の多くの市民が黙祷を捧げたそうです。最終的には93名の人が亡くなりました。

エゾウサギ委員長　そんな壮絶な事故があったんですね。

　事故の現場となった炭鉱の跡地は、せめて中に風が入るようにしてほしいというご遺族の意向で、コンクリートで埋めるのではなく格子で塞がれる形で今も残っています

大観音像や五重塔がある北の京・芦別（2011年撮影）

（前頁左上写真）。

クマカムイ教授 この事故以外にも、同じく夕張では昭和60年（1985）に三菱南大夕張炭鉱でガス爆発が起きて62名が死亡。その前年には福岡の炭鉱の坑内火災で83名が亡くなりました。

それ以前から、炭鉱はもう厳しいと言われていたわけですが、これらの事故が止めを刺す形になり、平成2年（1990）には夕張からすべての炭鉱が姿を消すことになりました。北海道ではその後も石炭の生産が続きますが、主要産業としての役割を終えたのです。

炭鉱から観光への試行錯誤

エゾウサギ委員長 石炭という主要産業を失うことになった北海道ですが、当然新しい産業をつくっていく取り組みも行われます。その一つが観光産業です。

その動きがもっとも早かったのが芦別です。芦別にも多くの炭鉱がありましたが、石炭依存から脱却しようと地元の有志が会社を立ち上げ、昭和45年（1970）に芦別レジャーランド（1988年に北の京・芦別に改称）を開業しました。

クマカムイ教授 当時、テレビCMをバンバン流していたので記憶に残っている方もいるかもしれません。

大浴場やプールを備え、五重塔や三十三間堂を模したホテルも建てられ、北海道大観音まで建立されました。

北海道内のテーマパークやヘルスセンターの先駆け的な存在でしたが、平成2年（1990）をピークに売上が減少。平成20年（2008）には母体となった企業が特別清算を受け、その後もいくつかの企業が経営にあたったものの、最終的には平成25年（2013）にレジャー施設としては閉業してしまいました。現在は大観音像などが宗教法人に売却され残っている状態です。

また芦別では平成2年（1990）にカナディアンワールドというテーマパークも開業しました。赤毛のアンのテーマパークでしたが、こちらも経営が振るわず事業が縮小。現

在は敷地の一部が市営公園として残るだけになっています。

エゾウサギ委員長 炭鉱から観光の街への転換は難しかったんですね。

クマカムイ教授 夕張でも昭和55年（1980）に石炭の

芦別市営カナディアンワールド公園

歴史村というテーマパークが開業しました。石炭博物館を軸にバラ園や遊園地なども併設され、年間20万人の来客を目標に掲げていました。こちらもCMを大量に放映していて「バリバリ夕張」というフレーズをご記憶の方もいるんじゃないかと思います。

　こちらも経営は低迷し、現在は石炭博物館が残るのみになってしまいました。

エゾウサギ委員長 このような計画の多くが1980年代から90年代前半に構想されていたようですが、やはりバブル経済との関係があるんですよね。

クマカムイ教授 2時限目の金融の授業でも触れましたが、北海道拓殖銀行が地域の不動産開発に積極的に融資した動き（拓銀インキュベーター路線）と連動している部分があります。そこに、炭鉱依存からの脱却を目的にした国の補助金なども組み合わさり、一大観光ブームが起こったのですが、残念ながらそのほとんどが失敗に終わりました。

エゾウサギ委員長 エゾオコジョ先生、これらの失敗の背

景にはどんな事情があったんでしょうか。

エゾオコジョ先生　いくつか理由があると考えています。

　大きいのはまずバブル。多くのプロジェクトがバブル期に計画されていたので、その狂乱に踊らされた部分があると思います。

　先ほど触れられていたように、石炭の苦境というのは1960年代から始まっているんですが、1970年代に二度のオイルショックがあり、石油依存も危険ということで一時的な石炭への回帰が起こるんです。その際、北海道の炭鉱は九州に比べて相対的に強かったということもあり、局所的には再び人が戻ってくるような動きもありました。その結果、脱・石炭の動きが遅くなり、いざ動き出そうとしたときにバブルにぶつかってしまったという不運があったと思います。

エゾウサギ委員長　なるほど。脱・炭鉱の失敗なのか、全国にあまたあるバブルの遺産なのか、わかりにくいところがありますね。

エゾオコジョ先生　周辺の歴史や文化と関係ないものをポンッとつくるところにも、いかにもバブル期特有の無計画さを感じる部分があります。

　また、これは北海道で観光事業を営むときの弱点になるのですが、炭鉱が閉鎖されて過疎化が進むところにテーマパークやアミューズメント施設をつくっても、周辺の人口が少ないですから集客が見込みにくいんですね。交通の便の悪さ、冬の厳しさもあわせて考えると、失敗したのも自

明のことなのかなという気はしてしまいます。

クマカムイ教授　実際、炭鉱の閉山と並行して、北海道内で大きな人口移動が起きています。これは1時限目の授業でも触れたのですが、1960年代の後半から札幌の人口が急増しました。これらの人口流入の多くが炭鉱のあったエリアからの転住とされています。

エゾオコジョ先生　過疎化が急速に進み、札幌という大都市からも遠いエリアで観光事業を立ち上げようとしても、やはり無理がありますよね。

　そのような失敗を経て現在は、炭鉱があったところでは炭鉄港の遺産群や炭鉱の遺構を保存、公開して地域の歴史や文化を伝えようとしています。これこそが本来の観光なんだろうと思います。

北大マイコン研究会とサッポロバレー

エゾウサギ委員長　石炭がダメ、観光も失敗。バブル崩壊によるダメージも大きい。じゃあどうすればいいんだというときに、札幌で新しいムーブメントが生まれます。IT産業です。

　札幌からさまざまなIT企業が誕生し、シリコンバレーや渋谷のビットバレー [注1] にならってサッポロバレーと呼ばれる産業集積が生まれました。

　オオワシ先生、長らくお待たせしました（笑）

オオワシ先生 サッポロバレーの源流は1970年代後半から始まっていたそうです。サッポロバレーという名前は平成13年（2000）にムックが出版されることになり、そのタイトルで「サッポロバレー」という言葉を使ったので、以降そのように呼ぶのが主流になったんです。

　サッポロバレーの原型は昭和51年（1976）に当時の北海道大学教授が設立した北大マイコン研究会 [注2] です。マイコンという言葉はもう馴染みがないと思いますが、マイクロコンピュータの略です。この研究会から、次々に今でいうIT企業が生まれていったんです。

エゾウサギ委員長 1970年代というと、まだパーソナルコンピュータという概念もなかったころですよね。

オオワシ先生 そうですね。当時、コンピュータというのはとても大きくて、電算室という部屋を占領するようなサイズだった。そこから大量の紙に印刷されたデータが延々吐き出され、鉄腕アトムの御茶の水博士みたいな人が白衣を着てそれを読みこんでいる。そんなイメージだったんです。

　ところが1970年代に入ってチップの小型化が進み、コンピュータもどんどん小型化した。お金さえ出せば、誰でもコンピュータを持てるようになる時代がやってきた。この技術を使えば世の中の産業をすべてインテリジェントにできるぞ。そんなイメージが急速に広まりました。

　この時期にマイクロソフトのビル・ゲイツもアップルのスティーブ・ジョブズも、日本でいえばソフトバンクの孫

正義さんやアスキーの西和彦さんも起業している。大きなチャンスが来ていたんですね。

エゾウサギ委員長　マイコン研究会はどんな活動をしていたんでしょうか？

オオワシ先生　マイコン研究会はちゃんとした会員リストがあるわけではなく、なんとなく人が集まっているという雰囲気があったそうです。ただ、研究会の会誌があり、そこに記事を書くのが彼らの重要なミッションでした。

　マイコン研究会初期メンバーには技術の師匠的な存在の方がいました。その方が、プログラムを書かれたり半導体に半田付け（はんだづ）したりという姿を僕たちも隣で見て学んでいく、という毎日でした。

エゾウサギ委員長　オオワシ先生は連続起業家ですが、マイコン研究会ができたあたりから皆が起業・独立をして、どんどん新しい会社を立ち上げていく流れが始まったんですよね。

オオワシ先生　会社で経験を積んだ技術者が、独立して自分でも会社を興そうという動きが連鎖したのだと思います。これが札幌の特徴的なところで、他の地域のIT企業だと「もっと年上の経営者が若い技術者を雇って会社を興す」というのが多かったんですが、札幌では若い技術者や学生が自ら起業していった。珍しいパターンだったと思います。

エゾウサギ委員長　なぜ札幌でこのようなムーブメントが起こったのでしょうか。

オオワシ先生　マイコン研究会があったというのはもちろ

ん大きいんですが、それより何より大事だったのがオープンでフラットな環境があったということです。

　IT産業と一言で言っても、プログラミングや情報処理、通信や電波、半導体などさまざまな領域の技術を組み合わせていく必要があるわけです。なので、集まったみんなで学び合い、協力し合っていくことが不可欠なんですね。

　その点、研究会を主宰されている先生が非常にフラットな方でカジュアルに接してくださる。みんなタメ口で話すようなカジュアルさがあった。そこに、北大の学生だけでなく学外の方や官庁の人なんかも集まってくるんだけど、分け隔てなく教え合うようなオープンさがあった。

　こういう環境がとにかく重要だったんだということは、是非ともお伝えしたいです。

エゾウサギ委員長　これは現代にも通じる話ですね。

注

注1 ● ビットバレー：IT関連のベンチャー企業が集中する、東京・渋谷の周辺地域を指す呼称。
注2 ● 北大マイコン研究会：北海道大学マイクロコンピュータ研究会が正式名称。昭和当初は同好会として設立され、令和6年（2024）現在は北海道大学の公認サークルとして活動。

なぜITの巨人が生まれなかったのか

エゾウサギ委員長　オープンでフラットな雰囲気のマイコ

ン研究会から代表的なIT企業が生まれ、そこからさらに派生する形でサッポロバレーを形成するさまざまな企業が旅立っていきました。これは非常に素晴らしいことだと思います。

　一方、このサッポロバレーから先ほど名前が出たようなマイクロソフトやアップルのような、ITの巨人を生めなかったというのも事実だと思います。実際、日本政策投資銀行が発行したレポートでも「サッポロバレーから大きな企業が育たなかったのが課題だ」というような記述があったと記憶しています。これはなぜなのでしょうか？

オオワシ先生　サッポロバレーの起業家に共通する特徴かもしれませんが、会社を大きくすることに対する興味や執着が弱かったのではないかと思っています。

　率直に言えば、当時の彼らの技術力はマイクロソフトなどと遜色なかったと思うんです。それくらいすごい能力の人たちが集まっていたんです。でも大きくなれなかった。

　これは私に限ったことかもしれませんが、そもそも起業したのも就職したくなかったからなんです。当時、北大の学生と言えば東京の企業に就職するか、地元に残って公務員やメディアに勤めるか、あとは大学に残って研究者になるか。そんな選択肢しかなかった。

　でも私は地元に残りたい一方、上に挙げたような進路に進む気もなかった。だから起業するしかなかったという部分もあったんです。儲けるとか会社を大きくするとか、そういう動機があったわけではなかったんですね。

札幌BizCafe(村田利文さん提供／©2001-2002 SAPPORO BIZCAFE ALL RIGHTS RESERVED.)

エゾウサギ委員長　就職したくないから起業する、みたいな考え方ですか。

オオワシ先生　だから大きくなれなかったというよりは、ならなかった。そういう意思がなかった。

　だから、会社から技術者が独立するというのも歓迎していたし、みんなも自分の好きなテーマを自分の会社で追求したほうがいいという雰囲気もあったんだろうと思います。ITは小売りのようにスケールメリットを活かす競争ではなく、ニッチなテーマで尖ったビジネスをしても成立する領域でもあるので。

「オープン」で「フラット」を再現した札幌BizCafe

エゾウサギ委員長　そのような課題はありつつも、平成13年（2000）6月に立ち上げられた札幌BizCafe [注1] は、サッポロバレーの精神である「オープン」、「フラット」を再現した取り組みを仕掛けていたそうですね。

オオワシ先生　はい。札幌BizCafeは札幌駅北口の一角に2年間限定で存在した「場」です。

　さまざまなクラスターの人たちが集まって、交流したり事業のアイディアを議論したりということができる、ソサエティーのようなもの。そこでは、仕事もできるし、イベントもできるし、ちょっと立ち寄って交流するなんてこともできました。ここから次の時代をつくるスタートアップが巣立っていくことを目指したんですね。

エゾウサギ委員長　今で言うコワーキングスペースのようなものですね。

オオワシ先生　そうですね。

　先ほど「ソサエティー」という表現を使いました。スタートアップ育成というとインキュベーション施設などと称して、お金をかけて立派なスペースをつくって、みたいなことが一つのパターンなんですが、それじゃダメだろうという意識もありました。

　とにかく大切なのは、ビジネスをやりたい人が、一緒に

挑戦する仲間と出会い、つながることなんです。だからそういうネットワークをつくることにこだわって、行政の人や弁護士、お金の専門家などが集まる場をつくることにこだわりました。

　札幌BizCafeにはベンチャーキャピタリストもいて、そういう人が起業家と一緒に過ごすというのも、本当に大事なことだと思っています。

エゾウサギ委員長　当時のスローガンで「New business from new style」というものがあったようですね。

オオワシ先生　当時、ビジネスというとおじさんがやるもので、飲み会とかゴルフとか、よくわからないコミュニケーションで物事が決まるというイメージもあったんですが、そういうスタイルはもう脱却しようと。カフェで出会って、お茶を飲みながらビジネスの話もできる。そういう形でやりたかったと聞いています。

　実際、シリコンバレーなんかはそういうノリで。レストランで食事をしている傍らに画用紙が置いてあって、そこにビジネスのコンセプトやモデルを書き込んで、会社をつくったらその画用紙が会議室に額に入れて飾ってあったりするんです。

エゾウサギ委員長　スタートアップに注目が集まる現在ですが、そういうノリが大事というのは共通しているんでしょうね。

> **注**
>
> 注1 ● 札幌 BizCafe：平成12年（2000）、サッポロバレーを背景に IT 起業家のビジネス交流の場として設立。平成31年（2019）4月の平成最後の日までベンチャー支援活動を行った。

道内の小売業が最高益を達成する北海道現象

エゾウサギ委員長　経済・産業というテーマで、もう一つ触れておきたいキーワードがあります。それが「北海道現象」です。

　1990年代から2000年代にかけて、ニトリやホーマックなど北海道発の小売企業が積極的に道外に進出したりM&Aに取り組んだりして、業績を大きく伸ばした現象を指します。エゾオコジョ先生、解説をお願いします。

エゾオコジョ先生　北海道現象という言葉は、平成10年（1998）ごろに外資系証券のアナリストの方が名付けたようです。当時の北海道経済というと拓銀の破綻もあり、非常に苦しい状況にあったと言えます。ところが同じ時期に、道内に本社を置く小売業の上場企業が最高益を達成するという、一見すると不思議な状況が起きた。これを北海道現象と呼びました。

エゾウサギ委員長　北海道特有の背景があったんでしょうか？

エゾオコジョ先生　少し逆説的な言い方になりますが、北

海道はそもそも、小売業には厳しい環境です。面積が大きくて物流コストがかさむわりに、人口密度は低い。道民の所得も決して高いわけではない。だから、北海道内に閉じこもっていては未来が描けず、積極的に外に打ち出していく必要がある。このような攻めの思考が北海道現象を生んだ一因と言われています。

　もう一つ挙げるとすれば、北海道の小売事業者の寡占的な環境も寄与したかもしれません。前述のとおり、北海道の事業環境は厳しいですから、効率を重視した商売をしなければならない。そのような姿勢が道外に打って出たときにも強みにつながったんだと思います。

エゾウサギ委員長　不利を強みに転換する経営ですか。

エゾオコジョ先生　はい。どうも北海道の消費者というのはロイヤリティが薄いとも言われていまして、ちょっとでもいいなと思うお店があれば容易に乗り換えてしまう部分がある。ある意味では競争のしがいがあるというか、そういう厳しい環境で鍛えられた小売企業が全国的に活躍していったという側面もあると思います。

オオワシ先生　このあたりの話は、私のいるITの世界と真逆ですよね。

　先ほども触れたようにITはニッチを掘り下げて生き残る戦略がとれますし、ソフトウェアは在庫や物流を強く意識する必要がない。それに対して小売業界はスケールや効率性を重視する必要があり、一般的には人口密度の低い北海道には不向きなんだけど、その不利を強みに変換するこ

とができた。

　業界ごとの違いを感じるとともに、経営者として学ぶところもありますね。

何か新しい物事を生む「3つの自由」

エゾウサギ委員長　ここまで北海道や札幌の経済・産業の歴史を振り返ってきたのですが、現状についても少し触れて終わりたいと思います。

　札幌市の人口は1970年代から急激に増え続けてきました。最初は炭鉱で働いていた人たちが、石炭産業の衰退とともに札幌に流入してきた。そして、その人たちの生活を支えるような産業、サービス産業が増え、また彼らもそのような産業に従事することになった。これが、札幌の三次産業が相対的に強い背景でもあります。

　札幌市の人口動態を細かく見てみると、じつは平成21年（2009）から人口の自然減が始まっていて、外部からの流入を要因とする社会増でそれを補っているという事実があります。さらに言うと、生産年齢人口、いわゆる労働力人口も平成22年（2010）を境に減少に転じています。全体の人口が増えているにもかかわらず、です。

　じゃあ、どんな人たちが札幌の人口増の要因になっているのか。結論からいうと老年人口です。北海道の地方に住

む高齢者が、利便性の高い都市部の生活を求めて流入してきているんです。

クマカムイ教授　高齢者が増えることで、短期的には例えば介護・福祉サービスが成長するというようなメリットがありますが、この傾向が今後も続くならそのようなビジネスに従事する人たちも足りなくなってしまうのではと懸念されています。

エゾウサギ委員長　もう一つ、大切な視点があります。

　生産年齢人口を詳しく見ると、札幌市には道内の自治体から流入してきているんですが、それ以上に札幌の人たちが道外に流出してしまっているんです。

　大学進学や就職を機に東京を中心とした道外に出てしまう若者が多いのは周知の事実です。ただ僕の周囲にも、札幌や北海道はとても住みやすいところだと、外に出ることで気づく人がたくさんいます。

　そのような人たちは、できれば戻ってきたいと思っている。でも、残念ながら魅力的な仕事が見つからない。札幌や北海道の生産年齢人口を増やすためには、つまるところ新しい産業や企業を育てて、魅力的な仕事をつくっていくしかありません。それが今後、本当に問われていくんだろうと感じています。

クマカムイ教授　オオワシ先生が紹介していたサッポロバレーのスピリットは「3つの自由」という言葉で説明されています。「既成・既得権からの自由」「権威からの自由」「失敗の自由」。これが、何か新しい物事を生むときに大事

なんだと。

これは何もサッポロバレーやITの世界だけでなく、社会全体、産業全体にも当てはまる考え方だと思います。

オオワシ先生　以前、日本を代表する投資家の方に言われたことがあります。「北海道こそ起業や新産業の創出に向いているんだ」と。

その方が言うには、北海道や札幌は結局のところ移民が中心になってつくった新しい街だと。歴史がある地方に行ったら、それこそ2000年来のしがらみがあって、動くものも動かないんだと。

たしかに今も、北海道の人は外から来た人をすんなりと受け入れる土壌があるように思います。そのような、私たちにとって当たり前のことが、じつは大きな強みになるのかもしれません。

エゾオコジョ先生　先ほど「3つの自由」という言葉が紹介されていました。一つ付け加えるとすれば「成功からの自由」があるかもしれないと考えていました。

北海道の経済や産業は石炭の没落以降、お世辞にも上手くいっているとは言えない部分があります。今、日本経済が復活できない一つの要因として昭和時代の成功体験から脱却できないことがあるのではと言われていますが、逆説的に言えば、北海道は成功体験に拘泥されない自由があるのかもしれません。こんなところにも、未来の可能性は見いだせるのではないかと思います。

テスト

問1 開拓使が官業として経営した事業を、次から全て選べ。
①ビール　②砂糖（精糖）　③缶詰　④醤油

問2 官営事業の民間払い下げを画策し国政をも揺るがす発端となった、当時の開拓長官は？
①岩村通俊　②東久世通禧　③島義勇　④黒田清隆

問3 北海道経済を牽引してきた石炭産業の主要な産炭地ではない場所は？
①夕張　②小樽　③釧路　④芦別

問4 産炭地が斜陽化する石炭産業から観光産業へと舵を切る中で、インキュベーター路線戦略のもと不動産融資を積極的に行っていた銀行は？
①北洋銀行　②北海道銀行　③北海道拓殖銀行
④北陸銀行

問5 サッポロバレーが誕生したきっかけとなった、北大の研究会とは？
①北大PC研究会　②北大マイコン研究会
③北大IT研究会　④北大パソコン研究会

解答一覧

問1 [答え] ①〜④全て

「北海道は官業から始まった」を参照。現存する日本最古のビールブランドは、開拓使麦酒醸造所（現・サッポロビール）が明治10年（1877）に発売した、サッポロラガービールです。

問2 [答え] ④黒田清隆

「北海道は官業から始まった」を参照。開拓使官有物払下げ事件が発端となって、大隈重信ら政府官僚が下野する明治十四年の政変が起こり、後の自由民権運動にも繋がりました。

問3 [答え] ②小樽

「石炭によって発展する北海道の工業」を参照。小樽は室蘭と並んで石炭の輸出港として発展しました。釧路では、令和6年（2024）現在でも釧路コールマイン株式会社により、石炭採掘事業が行われています。

問4 [答え] ③北海道拓殖銀行

「炭鉱から観光への試行錯誤」を参照。結果的に経営破綻してしまった北海道拓殖銀行ですが、北海道のリーディングバンクとして北海道産業の構造転換を企図していました。

問5 [答え] ②北大マイコン研究会

「北大マイコン研究会とサッポロバレー」を参照。現在でも人気のあるゲーム、桃太郎電鉄を開発したのは、サッポロバレーを背景に誕生した株式会社ハドソン（2011年にコナミの完全子会社化、2013年にブランド消滅）でした。

4時限目
文化・芸術

エゾウサギ委員長　4時限目のテーマは「文化・芸術」です。これまで、都市計画・まちづくり、金融、経済・産業を見てきましたが、人々の暮らしに欠かせないのは、文化・芸術も同様です。札幌・北海道だからこそ生まれた文化やそれに伴う歴史があり、それが現在まで脈々と受け継がれてきました。

　今回は札幌の文化・芸術を支えてきた3名のレジェンドの方々に、ゲスト講師を務めていただき、クマカムイ教授と共に今まで知らなかった札幌・北海道の文化・芸術を学んでいきます。

4時限目の先生は？

エゾシカ先生
レストランやイベントによるまちづくりを行うプロデューサー。札幌交響楽団が大好き。

ヒグマ先生
年間600本くらいのライブを企画し、50年以上音楽業界で活躍するミュージシャン。

キタキツネ先生
昭和56年（1981）にオープンした駅裏8号倉庫、通称「駅8」を愛する芸術家。

クマカムイ教授
古地図や写真などから札幌や北海道の歴史を読み解く、教え上手な教授。

任侠の親分がつくった最初の劇場

エゾウサギ委員長 まずは札幌の文化・芸術の歴史を振り返るところから始めていきたいと思います。クマカムイ教授、よろしくお願いします。

クマカムイ教授 札幌の文化・芸術の歴史は明治4年（1871）から始まります。開拓使が設立された2年後になるこの年、札幌に初の芝居小屋ができました。

　ここで写真（次頁左上）をご覧ください。こちらが当時のすすきのです。

　当時はまだ札幌の本格的なまちづくりが始まったばかり。街の中心部の道路は現在の創成川通と南1条通を中心にまだわずかしかなかったころ。すすきのの周りもまだ、建物は少なくて自然が広がっていますよね。

　すすきのにはまず遊郭(ゆうかく)が開設されました。開拓初期の札幌というのは、住人の多くが役人と労働者で圧倒的に男性が多かったんです。仕事も生活も厳しい中、みんなが逃げ出さないように遊郭をつくって引き留めようという思惑が、

明治4年（1871）の薄野遊郭（北海道大学附属図書館北方資料室所蔵）

明治後期の大黒座（富貴堂「札幌土産」より／札幌市公文書館所蔵）

開拓使にあったようです。

　そんなすすきのに、先ほど言ったように常設の劇場ができたんです。まだ札幌の人口が公式には600人くらいしかいないときです。当時、札幌神社（現・北海道神宮）が完成し、その落成を祝うお祭りが開催されることになったんですが、街中でも行事をしようということになり、東京から役者を招いて芝居の興業が行われました。そのために劇場も建設されたんです。

エゾウサギ委員長　一体、誰が手がけたんですか？

クマカムイ教授　秋山久蔵親分です。「親分」と呼ぶくらいですから、いわゆる任侠道の人。開拓使から地元の治安の取りまとめを依頼されていたような人物で、妓楼も経営していたようです。

　最初、秋山親分は見世物小屋のような仮設の小屋をつくろうとしたんですが、周囲から猛反発された。わざわざ東京から招いた役者さんに粗末な舞台で演技をさせたら札幌の恥になる、ということですね。それで、ある人は木材を

提供し、ある人は大工作業を手伝って、という形で街のみんなが協力して、常設の本格的な劇場を15日間で建設したそうです。

エゾウサギ委員長 竣工当時の写真は残っていないのですが、経営者が変わり明治後期に大黒座(だいこくざ)と名前を変えた時代の写真が残っています（前頁右上）。

この劇場は今の南4条西3丁目、第3グリーンビルのところにあったそうです。すすきののど真ん中ですね。

クマカムイ教授 その後、札幌の人口が2000人くらいになると劇場も増えて6軒ほど存在していたことがわかっています。

こんな小さい街になぜこれだけの劇場が成立していたのかというと、値段が安く庶民が気軽に通えたからです。そして、これらの劇場は芝居を見るためだけの場所ではなくて、みんなが仕事終わりに集まって交流する社交場という性格もあったんです。

芸術だ、文化だという大層な話ではなく、娯楽と社交の場として劇場が栄えたというのは、札幌の面白い歴史だと思います。

篠路歌舞伎の隆盛

エゾウサギ委員長 歌舞伎というと東京や大阪の文化のように思いますが、明治後期には札幌周辺の農村でも歌舞伎

昭和9年（1934）の篠路歌舞伎（篠路歌舞伎保存会所蔵）

が演じられていたそうですね。

クマカムイ教授　はい。その中でも有名なのが篠路(しのろ)歌舞伎ですね。

　明治35年（1902）、篠路村（現在の札幌市北区）の烈々布(れつれっぷ)と呼ばれていた場所で、神社のお祭りの奉納歌舞伎として上演されたのが始まりです。そのころの篠路は鉄道が敷かれておらず、札幌の中心部に出てくるのも一苦労という地域だった。また、たくさんの川が曲がりくねって合流して、しょっちゅう氾濫するようなところでもあった。そんな大変なところに、入植してきた農民がたくさん住んでいたんです。

　この厳しい生活の中に少しでも楽しみを見出そうと、若

者たちが知恵を出し、神社で芝居でもやろうかという話になった。

　そのとき、若者の中に大沼三四郎という人物がいました。彼は一種の文学青年で、いろいろな小説を朗読して村人に読んで聞かせることを得意にしていた。ただ読むだけではなく、声色を変えたり身振り手振りを交えたりして、大変ドラマチックに見せて大好評だったんです。そこで、彼を中心に芝居を立ち上げようという流れになったようです。

　最初の演目は「これが江戸っ子」というタイトル。これは歌舞伎というよりは創作時代劇のような感じのものだったようですが、そこからどんどん本格化していって古典歌舞伎の演目を演じたり、東京に行って演出や衣装、舞台化粧の勉強をしてきたり。篠路全体の文化水準も上がっていきました。

エゾウサギ委員長　すごい！

クマカムイ教授　評判が広がると、篠路の中だけで演じるのではなく、外の興行師から招かれるようになってきました。中にはずるい興行師もいて、三笠の幾春別(いくしゅんべつ)の炭鉱に呼ばれた際は、篠路から来た素人歌舞伎ではカネにならないと言われ、東京から来た一座を名乗らされたと言うエピソードもあります。もっとも、炭鉱労働者の中に篠路出身の人がいて「お前ら、篠路の人間じゃないか」とバレてしまい、3日間の興業の予定が1日で逃げ帰ってしまったというオチがつきます（笑）

エゾウサギ委員長　これが篠路歌舞伎の写真ですね（前頁）。

なかなか本格的です。

クマカムイ教授 そのようにして隆盛を極めた篠路歌舞伎ですが、昭和9年（1934）に国鉄札沼線 [注1] が開通すると、篠路と札幌が鉄道で結ばれるようになりました。そのころ、札幌では映画という新しい娯楽が盛り上がっていましたから、若者はどんどん都会に出てしまい、篠路歌舞伎の全盛期は終わりました。

　ですが、話はこれで終わりません。それから約50年後の昭和60年（1985）、篠路コミュニティセンターの落成記念式典で地元の人たちが篠路歌舞伎を復活上演。これをきっかけに保存会が誕生し、伝統を今に伝えています。そして、その復活上演を見た篠路中央保育園の職員が、自分たちで演じてみようと「保育園五人女」という芝居を上演します。これが大変受けて、以来その保育園では子供たちも歌舞伎を演じるようになりました。見事な復活劇です。

エゾウサギ委員長 YouTubeには『忠臣蔵』の松の廊下の場面を、子供たちが一生懸命演じている動画もアップされています。篠路子ども歌舞伎の動画は他にもたくさんアップされていますので、ぜひ見ていただきたいです。

注

注1●**国鉄札沼線**：昭和10年（1935）に、函館本線の桑園駅から留萌本線の石狩沼田駅まで全通。昭和47年（1972）、令和2年（2020）の2度にわたる部分廃止を経て、令和6年（2024）現在は北海道医療大学駅が終点に。沿線に学校が多いことから、通称は学園都市線。

狸小路の始まり

クマカムイ教授　篠路歌舞伎の話で一気に昭和まで進んでしまいましたが、話をいったん明治に戻します。

　明治6年（1873）、札幌に東座（あずまざ）という芝居小屋ができます。つくったのは松本大吉親分。こちらも旅籠（はたご）渡世（とせい）をしていた俠客（きょうきゃく）です。場所は現在でいうところの狸小路（たぬきこうじ）2丁目です。

エゾウサギ委員長　こちらも親分ですね。

クマカムイ教授　東座の面白いところは、芝居小屋の隣に直営の飲み屋もつくったところです。芝居小屋には社交場のような意味合いもあったと先ほど言いましたが、であれば芝居を見た後に一杯飲めるお店が併設されていたほうがいいだろうと。なかなかの商才を発揮します。

　こういう飲み屋では、顔を白塗りにした女性がお酌をして、興が乗ったら男性客の袖を引っ張って春を売るようなこともしていたそうです。この東座が流行ったことで、界隈には同じような芝居小屋や寄席が増え、その周りには飲み屋が建ち並びました。

エゾウサギ委員長　明治20年代と思われる狸小路の写真（次頁）が残っています。軒先にのぼりを立てた劇場が立ち並んでいますね。

クマカムイ教授　客引きをしている女性は俗にタヌキと呼ばれました。男性たちは芝居を見たあとにお酒を飲んで酔

明治20年代と思われる狸小路（札幌市公文書館所蔵）

っ払って、そういう女性に引っかかってまんまと高いお金をとられ「タヌキに化かされた」なんてこともあったようで、そこから誰言うとなく界隈を狸小路と呼ぶようになったようです。狸小路商店街振興組合さんによれば、名前の由来にはこのほか動物のタヌキがいたからなどの説もあるそうで、付け加えておきたいと思います。

　全盛期には狸小路にも7〜8軒の劇場や寄席があったそうです。ただ、明治期の札幌というのは何度も街を焼き尽くすような大火に襲われまして。明治25年（1892）の大火で焼けてしまった店の中には頑張って復活したところもあったようなのですが、明治34年（1901）、明治40年（1907）にも大火が起こり、商売を諦めてしまう店も多かったそう

です。東座のあとを引き継いだ立花座(たちばなざ)という劇場も、明治40年（1907）の大火のあとに廃業したそうです。

エゾウサギ委員長　短い期間に3度も大火があり、狸小路の様子はだいぶ変わってしまったんですね。

大衆の娯楽
「映画ブーム」到来

クマカムイ教授　大正時代に入ると、大衆の娯楽として映画が普及し始めます。札幌でも、多くの劇場が映画館に転換されていきました。

　札幌最初の劇場であった秋山座の後を継いだ大黒座も大正7年（1918）に映画常設館の錦座へと姿を変え、後には松竹の資本が入って、松竹座という1000人以上収容できる札幌で一番大きな映画館へと建て替えられました。

　明治の終わりに狸小路の一角にできた遊楽館という寄席は、当初は女義太夫などを上演していましたが、こちらも後に映画館に。2000年代まで存在していたので、松竹遊楽館とかSY遊楽という名前を覚えている方もいらっしゃるかもしれません。

　映画館としての営業を終了したあとはゲームセンターとして経営していましたが、モユクサッポロ [注3] 建設のために解体された際、封鎖されていた映画館部分が姿を現し、私は非常に感動しました（次頁左上写真）

エゾウサギ委員長　こんな空間が残っていたんですね。

解体中の松竹遊楽館　　　　　旧・月寒中央映画劇場（第2吟月会館）

クマカムイ教授　かつて札幌中心部にあった映画館を地図に落としてみました（次頁）。これらは必ずしも同時に存在していたわけではないのですが、これだけの数の劇場がかつて存在していたんですね。今、この中で残っているのは新しいTOHOシネマズのほかはシアターキノ[注1]とサツゲキ[注2]くらいでしょうか。

　また、中心部だけでなく郊外にも多くの映画館が存在していました。月寒（つきさむ）とか白石（しろいし）とか、現在では繁華街という認識がないようなエリアにも映画館があったんです。昭和30年代には50軒くらいの映画館が存在していたようです。

エゾウサギ委員長　郊外の映画館の多くも姿を消していますが、月寒中央映画劇場の建物は第2吟月（ぎんげつ）会館として、まだ残っています（本頁右上写真）。

クマカムイ教授　当時、初期の狸小路でも見られたように、映画館の隣や近くに飲み屋街ができるというのが普通でした。月寒にあった2つの映画館の近くにも月寒しょんべん横丁と呼ばれるスナック街がありますが、これらは当時の映画文化の数少ない名残とも言えますね。

4 時限目　文化・芸術

中心部の過去・現在の主な映画館

> **注**

注1● シアターキノ：昭和61年（1986）にスタートした映像ギャラリー「イメージガレリオ」を前身に、市民出資による映画館として平成4年（1992）に開館。1998年に現在の場所に移転。

注2● サツゲキ：大正14年（1925）に三友館として開館後、経営母体の変更に伴い数度改称し、令和2年（2020）から現名称で営業。

注3● モユクサッポロ：狸小路3丁目の札幌駅前通側に令和5年（2023）にオープンした複合商業施設。都市型水族館 AOAO SAPPORO がある。

昭和20年代の札幌駅(「札幌駅80年史」より/札幌市公文書館所蔵)

駅前にあった札幌鉄道管理局(北海道大学附属図書館北方資料室所蔵)

黒澤明監督と札幌

クマカムイ教授 札幌と映画で、興味深いエピソードがあります。

　戦後の昭和26年(1951)、黒澤明監督が映画『白痴』のロケ地として札幌を選んでいます。『白痴』はロシアの文豪・ドストエフスキーの小説が原作で、原作の舞台はサンクトペテルブルクです。黒澤監督は映画化にあたり、登場人物を全部日本人に置き換え、舞台も札幌にして撮ったんです。

　サンクトペテルブルクというのはロシア帝国の古都で、非常に美しい街並みで知られています。そんな街の代わりを札幌が務められるのだろうか？と疑問に思うところですが、さにあらず。例えばこれは当時の札幌駅や鉄道管理局の写真(本頁)ですが、とても荘厳なデザインですよね。

4時限目 文化・芸術

昭和30年代の札幌駅（札幌市公文書館所蔵）

　当時の札幌は、このような駅舎以外にも、札幌駅前通[注1]には美しい建物が並んでいて非常に情緒を感じさせる街並みだったんです。そこに黒澤監督がインスピレーションを得て、ここで映画を撮ろうと思い立ったというわけです。

エゾウサギ委員長　今の札幌の街並みとは、だいぶ印象が違いますね。

クマカムイ教授　そうなんです。先ほど紹介した札幌駅舎も昭和27年（1952）には四角い箱型の建物に建て替えられてしまいました。駅前通の建物もどんどん取り壊されて、後にはよく言えばモダンですが、情緒のないビルが建設されていきました。

　『白痴』の撮影から数十年後、黒澤監督は知人への手紙

の中で、今の札幌の街並みだったら、自分は映画を撮ろうとは思わなかった、という趣旨のことを書いています。

エゾウサギ委員長 都市と文化という観点から見ると、本当にもったいないことをしたんですね。

> **注**

注1●札幌駅前通：西4丁目通のうち、札幌駅南口の北5条通交差点からすすきのを経由し、中島公園に近い菊水旭山公園通（南9条通）交点までの都市計画道路。

公による文化・芸術振興

エゾウサギ委員長 ここまで明治期から戦前〜戦後の札幌の文化・芸術の歴史を振り返ってきました。ここからは現代に至る流れを見ていきたいと思うのですが、そこに二つの視点を取り入れたいと思います。「公」と「民」です。

まず「公」でどういう流れがあったか、クマカムイ教授お願いします。

クマカムイ教授 札幌市は平成18年（2006）に「創造都市さっぽろ」という宣言をしています。文化芸術を振興し、そこで皆が得た感動や刺激が新たなモノゴトを生む原動力となり、そこから経済・産業の発展につなげていくという考え方ですね。

このことからもわかるように、札幌市はかねてより文

化・芸術には力を入れている面があります。

　昭和後期から平成初期にかけて市長を務めた板垣武四[注1]氏の時代には、札幌市教育文化会館[注2]、札幌市こども人形劇場こぐま座[注3]、札幌芸術の森[注4]などが整備されました。同じ時期には北海道厚生年金会館[注5]や北海道立近代美術館[注6]も誕生し、ハード面が格段に充実しました。

エゾウサギ委員長　ソフト面はどうなんですか？

クマカムイ教授　札幌交響楽団（札響）とパシフィック・ミュージック・フェスティバル札幌（PMF）が代表的な施策として挙げられます。

　札響の設立は昭和36年（1961）。自治体が運営するオーケストラとしては全国3番目ということで、かなり早くつくられたと言えると思います。原田與作[注7]市長の時代に札幌市の教育長が姉妹都市提携の締結のために訪れたアメリカのポートランド市のジュニアオーケストラに感銘を受けたことが、札幌での設立を目指すきっかけになったと言われています。

　初代の常任指揮者は荒谷正雄さんという方。北海道出身で、戦前にヨーロッパに留学されたような著名な音楽家です。荒谷さんも北海道で本格的なオーケストラをつくりたいという夢を持っていて、荒谷さんと市の想いが一致して札響の設立に至ったんですね。

エゾウサギ委員長　オーケストラの運営って、ものすごくお金がかかるイメージがあります。

エゾシカ先生　そうですね。だからパトロンというかスポンサーの存在が重要になってきます。

　海外に行くと貴族階級や富裕層、大きな企業がバックについている事例が多いけど、残念ながら札幌にはそういう存在が少ない。ですので、市からの運営助成金が重要になってきます。

　逆にいうと、札幌市の文化予算から相応の割合が札響に投入されているとも言えます。では、それだけの価値が今の札響にあるのか。どれだけ市民に馴染んだ存在になっているのかについては、しっかり議論する必要があると思っています。

クマカムイ教授　同じく、市の文化予算が投入されているイベントとしてPMFがあります。

　PMFが開催されたのは平成2年（1990）のこと。もともとは北京で開催予定だったのですが、その前年に天安門事件があり、主催者であるレナード・バーンスタイン[注8]氏が「北京での開催はできない」と考えたところから、札幌に持ち込まれることになりました。

　残念ながらバーンスタインさんは第1回PMFの直後に急逝してしまったのですが、その追悼コンサートで板垣市長が今後も札幌市はPMFにコミットすると宣言し、現在に至ります。

　PMFには世界中の音楽家や楽団が参加し、札幌のみならず北海道の各地でさまざまな音楽イベントが開催されます。若手音楽家の育成という目的を掲げていて、現在は世

界3大教育音楽祭の一つに数えられるまでになっています。

ヒグマ先生　個人的には、最後におっしゃった人材育成という文脈にもっと注目すべきだと考えています。たしかにPMFは若手音楽家の登竜門になっているんだろうけれど、そこで育った人たちが札幌に何かを戻してくれているのだろうか、というところは冷静に見る必要があるんじゃないかなと。

　もちろん、人材育成というのは見返りを期待してやるものではない。ただ、そういうことも視野に入れてちゃんと設計されているだろうかということについては、非常に疑問に思います。

エゾウサギ委員長　PMFで育った人たちが札幌に戻ってきたり、何らかの形で関わりたいと思ったりする仕掛けがないんですかね。

ヒグマ先生　行政の発想でやっているから難しいんじゃないですかね。

　結局のところ、==音楽家や文化・芸術に関わるような人たちにとって「面白い」と思えることが大事なんです。普通の人が思い浮かばないような面白い発想、面白いアクションをする人がいると、それに反応してまた面白い人が集まってきて、という流れができてくる。==今はそういう人の存在が欠けているんです。

　僕は、自分が関わったミュージシャンには必ず言っているんです。地元に育ててもらって全国、世界に打って出ていくんだから、一回は地元に恩返ししろよと。地元を活性

化させろよと。そういう継続が文化をつくっていくんですよ。

エゾウサギ委員長　札響にしても PMF にしても、これだけ長年続けているのに、札幌市民の一般感覚としてクラシック音楽が身近になったという印象はないんですよね。

　ジャンルは違いますが例えばサッカーだと、バルセロナなんかに行くと街中で普通におじさんがボールを蹴っている光景が見られる。そういう風に日常に溶け込んで、街の人がみんなそのスポーツが大好きだという状態になるのが、本当の意味で文化なんだと思うのですが。

注

注1●板垣武四: 大正5年（1916）～平成5年（1993）。昭和46年（1971）から第7代札幌市長を5期20年にわたって務める。1期目に地下鉄開通・札幌五輪開催・政令指定都市移行があった。五輪後は、文化や福祉を重視した政策を展開。

注2● 札幌市教育文化会館: 旧・札幌地方裁判所跡地を建設地として、昭和52年（1977）に開業。

注3● 札幌市こども人形劇場こぐま座: 当時札幌市長の板垣武四が、同市の姉妹都市であるドイツ・ミュンヘンの人形劇場を訪れたことをきっかけに、日本初の公立人形劇場として昭和51年（1976）に開業。

注4● 札幌芸術の森: 昭和52年（1977）の札幌青年会議所が提唱した「さっぽろアートパーク構想」に端を発し、「芸術文化都市さっぽろ」のシンボルとして、個性ある新しい札幌の文化を育てることを目的に、昭和61年（1986）に開業。平成2年（1990）からは、PMFの開催拠点に。

注5● 北海道厚生年金会館: 東京・大阪に次ぐ全国3箇所目の厚生年金会館として、昭和46年（1971）に開館。札幌五輪時には、IOC総会の会場として用いられた。平成21年（2009）に札幌市の所有施設となり翌年ニトリ文化

ホールに改称するも、平成30年（2018）に閉館。
注6 ● **北海道立近代美術館：** 昭和52年（1977）に開館。平成23年（2011）北海道立三岸好太郎美術館を分館とし発展的に改組。
注7 ● **原田與作：** 明治33年（1900）〜昭和54年（1979）。昭和34年（1959）から第6代札幌市長を3期12年にわたって務める。札幌五輪の招致に成功し、札幌の都市基盤整備事業を推進した。
注8 ● **レナード・バーンスタイン：** 1918年〜1990年。アメリカが生んだ最初の国際的レベルの指揮者であり、小澤征爾、大植英次、佐渡裕など多くの弟子を輩出。1990年にPMFを創設するも、同年に他界。

厚かましい人ほど得をする「駅8」

エゾウサギ委員長　それに対して「民」にはどんな活動があったのか。ヒグマ先生、お願いします。
ヒグマ先生　例えば音楽だと、昭和47年（1972）に札幌オリンピックがあったわけですが、その前後の時代、南3条通が若者が集まるエリアになってロック喫茶とか小さいライブハウスなんかがいっぱいできたんですよね。そういうお店の経営者も20代の若い人が多かった。銀行も融資してくれた。
エゾウサギ委員長　すごい勢いがあったんですね。
ヒグマ先生　昭和52年（1977）からはツーアウト・フルベースというロックフェスも始まって。日本でも有数のロックイベントになったんですよね。
　ただ、残念ながらそのムーブメントは長続きしなかった。

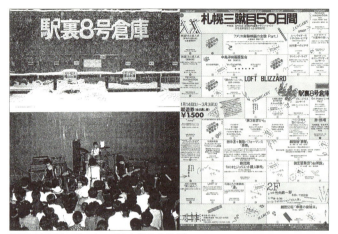

駅裏8号倉庫のポスター（中島洋さん提供）

なんでだろうと振り返ってみると、当時の関係者にビジネスという観点がなかったことが大きいんだろうなあと思います。若くてやんちゃで勢いはあるけど、ビジネスとしてみればだらしない人もいたし、外に出て行く勇気がなかった。札幌や北海道の中で小さくまとまってしまっていたんです。

　そうこうしているうちにバブルが始まって、そういうお店が入っていた古い小さいビルも建て替えられてしまって、流れが断絶しちゃった。もったいなかった。

エゾウサギ委員長　1970年代にそういう動きがあったのに対し、80年代に入るともう一つ、大きなプロジェクトが動き出します。昭和56年（1981）にオープンした駅裏8号倉庫、通称「駅8」です。

キタキツネ先生　はい。劇団53荘という劇団のメンバーだった植田研一さんという方がいて、劇団のためのスペースを探していたのが最初です。その候補の一つに札幌駅北口にあった拓殖8号倉庫という場所があり、解体予定なので1年なら使っていいよという話になった。ただ、劇団単体では借りられないので一緒に借りてくれる人はいないかと募ったところ、12人の運営委員が集まり「駅裏8号倉庫」と名付けました。

エゾウサギ委員長　昭和58年（1983）から昭和61年（1986）にかけては北3条に移転したけど、引き続き駅8というネーミングを使われて。

キタキツネ先生　そうですね。なぜ彼らが駅8をつくったかというと、シンプルに当時の札幌にこういう場所がなかったんです。

　表現が好きな人が集まって、好きなように表現する場所がほしいけど、そういう場所がなかった。芝居の稽古や音楽の練習なんかだと、例えば公共施設を借りるにしても21時までしか使えなかったり大きな音が出せなかったりで、制限も多かった。だから自由な場所がほしくて、そういう場所がないなら自分でつくればいいんだということで、若者が集まったんです。

エゾウサギ委員長　ここに当時のポスターがあるんですが（本頁上写真）、信じられないんですけども50日間連続でイベントをやってたんですか？

キタキツネ先生　駅8のカルチャーの一つとして「厚かま

しい人ほど得をする」というのがあったんです（笑）。

50日間、入れ替わり立ち替わり、いろいろな人がいろいろなパフォーマンスをするんだけどチケットは1500円。1本見ても全部見ても1500円で変わらない。でも、そういうチケットの形にすると、自分があまり興味がないものも見ることになって、結果的に自分の好奇心の幅が広がるなんてことにもつながって。

普通の発想だと「えー」って思うようなことを平気でやってた。こういうカオスなスピリッツみたいなものは、今の時代にも必要だと思うんですけどね。

エゾウサギ委員長　なるほど、カオス。

キタキツネ先生　もう一つ、駅8のカルチャーで大事にされていたのが「自分たちでつくる」ということ。運営委員会の彼らが倉庫を借りたとき、そこは本当に何もない空間でした。だから舞台も椅子も、全部自分たちでトンカチを持って作りました。

舞台もね、大きな舞台をドンと1つつくるのではなくて、山台という木箱みたいなのを200個くらいつくって、それを組み合わせて使う。だからレイアウトも自由にできる。

ゼロから自由につくるというのは、言うほど簡単なことではなくて、なにをすればいいのかわからないって人も多いと思います。でもそこで「こうしたら面白くなるんじゃないか」、「もっとよくなるんじゃないか」と考え始めると、どんどん発想が広がっていきますよね。

エゾウサギ委員長　つくりすぎてない場所を、どう創意工

夫で面白くしていくか。

キタキツネ先生 例えば、いつもなら観客席になっているところをステージにしちゃったり。駅8は、そういう自由な発想を許容できる空間だったし、それを尊ぶ文化があった。お膳立てされた場所ではなく、ゼロの場所、自由な場所でどういう表現ができるかが勝負だったんです。

今の時代は表現に対するさまざまな制約や規制が増えてきているんだけど、そういう時代だからこそ必要になってくるスピリッツだと思います。

文化・芸術で稼ぐということ

ヒグマ先生 スピリッツということで言えば、僕はもう50年間音楽業界で働いてきて、稼ぐというのは本当に大事なんだと思うんです。文化だ芸術だという前に、稼げないとどうしようもない。企業からのスポンサーや行政からの補助金に頼っていても、何も生まれないし、続かないです。

キタキツネ先生 シアターキノでは年間220本くらいの映画を上映しているんですが、7割くらいは赤字だそうです。で、3割くらいの黒字作品でバランスをとっている。

儲けようとするなら3割の映画に集中したほうがいいんだけど、やはり僕は世界には多様な映画があって、映画というのはこういう文化なんだということをみんなに知ってもらいたいという想いがあるから、7割のほうの映画も大

切だと考えています。

　でも結局大事なのは3割の映画でしっかり稼ぐこと。それをやってきたからシアターキノは30年以上続けることができたんだろうと考えています。

ヒグマ先生　ライジング・サンロック・フェスティバルも、チケットは約2万円。それで最大8万人近くの人が来場しています。道外から来る人も大勢いる。こんな風に稼げるコンテンツをつくることもできるし、これからはアジアの人を巻き込んでいきたいと運営は語っています。

　今、札幌では毎年NoMapsというイベントをやっているけど、このNoMapsのモデルはアメリカのオースティンで開催されるサウスバイサウスウエスト（SXSW）[注1]ですよね。

　僕が30年前、初めてオースティンに行ったときは30万人規模の街だった。そんな街がSXSWをきっかけに世界中に知られていって、SXSWは音楽や映画にテクノロジーを掛け合わせるというのがテーマだから、テクノロジーの進化に伴ってどんどん大きくなっていった。オースティンにはテキサス大学という有力大学があることもあって、今ではGAFAやテスラなど名だたるテック企業が拠点を構えるようになっています。

エゾウサギ委員長　こんな具合に文化・芸術と街づくりが連動することで産業が生まれる。札幌だって北大もあるんだから、決してできないことではないですよね。

> **注**
>
> 注1 ● **サウスバイサウスウエスト**：1987年に音楽祭として始まったことをきっかけに、毎年3月にアメリカ合衆国テキサス州オースティンで行なわれる、音楽祭・映画祭・インタラクティブフェスティバルなどを組み合わせた大規模イベント。

文化・芸術から見る「札幌らしさ」ってなに？

エゾウサギ委員長 そう考えたときに、札幌らしい文化・芸術ってなんだろうと考えるんですが、先生たちはどのようにお考えですか？

キタキツネ先生 ものすごく正直に言えば、札幌らしさってあんまり意味がないと思うんです。それを狙ってコンテンツをつくるわけではないので。

　ただ、それでもあえて特徴を挙げるとすれば、これは札幌国際芸術祭［注1］の第1回目で坂本龍一さんがゲストで招かれたときにおっしゃっていたことでもあるけど、都市と自然の近さですよね。普段は都市部に住んでいても、ちょっと出かけるだけで山も川も海もある。これだけ緯度が高いところで200万人規模の大都市を形成しているのは、世界的に見ても札幌だけなので、厳しい冬の景色も含めた四季の移ろいをこれだけ感じられる都市というのは、札幌ならではの面白みですよね。

ヒグマ先生 それは本当にそのとおりで、音楽の世界だと

北海道の春夏秋冬でのさまざまな体験が、そのまま曲になり、詩になる。「豪雪の中で彼女を待っている」なんていう何気ない光景が、そのまま歌詞になっちゃう。

そういう力があるから、ある時期は松山千春や中島みゆき、安全地帯なんていう北海道出身のミュージシャンが音楽チャートを席巻した。当時国内のレコード売上が2500億円くらいだったときに、北海道出身のミュージシャンだけで1000億円くらい稼いでいたこともあった。

エゾシカ先生　僕も文化・芸術論には興味がなくて、こんなことをこの講義で言うと元も子もないかもしれないけど、札幌の文化・芸術なんてそんなに長い歴史があるわけでもないじゃないですか。だから過去を振り返ってどうこうとか、札幌らしさを意識するよりも、これからなにをつくっていくのか、つくっていきたいのかという未来の話をしたほうが何倍も有益だと思うんですよね。

ヒグマ先生　そんなこと議論するより、とにかくなにかつくろうよと。そんな暇ないよと。人生なんてあっという間なんだから（笑）。

注

注1 ● 札幌国際芸術祭: 平成13年（2014）から3年おきに開催されるトリエンナーレ形式の国際芸術祭。第1回のゲストディレクターは坂本龍一が務めた。

4時限目　文化・芸術

テスト

問1 明治4年（1871）、札幌神社（現・北海道神宮）完成の祝典のために秋山久造が建設した、札幌で最初の芝居小屋は？

①大黒座　②遊鶴座　③秋山座　④松竹座

問2 狸小路の始まりともなった、明治6年（1873）にできた芝居小屋は？

①歌舞伎座　②銀座　③秋山座　④東座

問3 1972年の札幌五輪開催以降、札幌市では文化・芸術を振興する政策を推進した当時の市長は？

①板垣武四　②原田與作　③岩村通俊　④島義勇

問4 芸術の森野外ステージ OPEN と共に、1990年に「第1回国際教育音楽祭パシフィック・ミュージック・フェスティバル札幌」が開催されたが、当初の開催予定であった都市は？

①香港　②北京　③ソウル　④京都

問5 札幌駅北側（北6西1）に1981年から1982年まで存在したフリースペースは？

①シアターキノ　②本多小劇場　③イメージガレリオ
④駅裏8号倉庫

解答一覧

問1
[答え] ③秋山座

「任侠の親分がつくった最初の劇場」を参照。秋山久蔵が作ったことから秋山座という名称でした。その後、経営者が代わる度に、「③秋山座→②遊鶴座→①大黒座→④松竹座」と名称を変えました。

問2
[答え] ④東座

「狸小路の始まり」を参照。松本大吉が、現在の狸小路2丁目に飲み屋を併設する形で立ち上げました。後に経営者が代わり、立花座と名を改めます。

問3
[答え] ①板垣武四

「公による文化・芸術振興」を参照。板垣武四は第7代市長として、札幌市こども人形劇場こぐま座などのハード面の整備や、PMFの開催などのソフト面の双方から政策を推進しました。

問4
[答え] ②北京

「公による文化・芸術振興」を参照。PMFはレナード・バーンスタインが主催し、当初は北京で開催予定でしたが1989年の天安門事件をきっかけに、札幌開催に変更されました。

問5
[答え] ④駅裏8号倉庫

「厚かましい人ほど得をする『駅8』」を参照。12人の運営委員を中心に自由な表現の場として、昭和58年(1983)に北3条に移転しましたが名前は変えずに、昭和61年(1986)まで運営されました。

5時限目

行 政

エゾウサギ委員長　最後の授業のテーマは「行政」です。これまで、都市計画・まちづくり、金融、経済・産業、文化・芸術を学んできましたが、最後になぜ行政を学ぶのか。それは、いい意味でも悪い意味でも、札幌・北海道の歴史は、行政主導の側面が強いことがわかってきたからです。開拓使に始まり、戦前の政府で絶大な権力を握っていた内務省直轄の北海道庁、戦後は都道府県としての道庁、そして北海道開発庁というように、行政の存在はかなり大きなものでした。

　では、札幌や北海道という地域が形作られていく中で、この行政という存在がどのような役割を果たしたのか。そして、これからの未来を考えていく中で、行政にはどうような役割があって機能していくべきなのか。このような論点について、行政に詳しいエゾモモンガ先生とクマカムイ教授とともに学んでいきたいと思います。

5時限目の先生は？

エゾモモンガ先生
　地域財政や地域政策に関する研究を行う先生。

クマカムイ教授
　古地図や写真などから札幌や北海道の歴史を読み解く、教え上手な教授。

北海道の中に青森県があった？

エゾウサギ委員長 それでは早速、講義に入っていきたいと思います。まずはいつものように、クマカムイ教授から歴史の流れを解説いただきたいと思います。

クマカムイ教授 北海道の行政の歴史を振り返るとき、皆さんの多くがその役割を担った機関として開拓使を思い浮かべると思います。

　開拓使は明治2年（1869）に設立されますが当時、じつは北海道全土が開拓使の管轄に置かれていたわけではない、というと意外に思われる方が多いかもしれません。

　ここに、明治2年（1869）当時の北海道各地の支配者を記した地図があります（次々頁上）。開拓使が直接管轄しているところは札幌などごく一部で、高知（土佐）藩や山口（長州）藩、水戸藩などの名前や、増上寺のようなお寺の名前まで書かれています。

エゾウサギ委員長 意外ですね！

クマカムイ教授 そうですよね。背景には、発足直後の明治政府の財政難や人員不足があります。簡単に言うと、北海道を明治政府が直接管理する余裕がなかったので、大きな藩や、時には個人の領地として代わりに管理させていたということです。

　このような施政を分領支配と呼びますが、この制度自体

は2年間しか続かず、明治4年（1871）には廃藩置県[注1]が実施されます。その際、北海道の大半は開拓使の直轄となったのですが、渡島半島の西側にだけ館県という県が置かれました。

　もう少し細かく解説します。まず、明治元年（1868）に箱館（現在の函館）に箱館府という役所が設置されています。当時の府というのは新政府の直轄地というくらいの意味で、京都、大阪だけでなく新潟、長崎などいろいろなところに置かれていました。箱館もその一つだったんですね。この箱館府は明治2年（1869）に開拓使が設置されたことで廃止されます。

　そして館県ですが、これはその前は館藩という名前で、これは皆さんご存じの松前藩のことを指します。

エゾウサギ委員長　呼び方が違うんですね。

クマカムイ教授　今、私たちは松前藩と呼んでいますけど、江戸時代はそもそも「〇〇藩」という呼び方はしておらず、藩を統治する大名家の名字で呼んでいました。なので、松前藩ではなく松前家と呼ぶのが江戸時代流ということになります。

　少し時代は前後しますが、明治2年（1869）に版籍奉還[注2]が行われ、大名は自分の支配地を朝廷に返還します。その際に初めて藩の正式名称が定められ、松前藩は前年に移転したばかりの新しい居城（館城）の名前から館藩と公称。2年後の廃藩置県で館県と改められたという流れがあります。

5時限目　行政

北海道の支配体制の変遷

　廃藩置県のタイミングで北海道の他の土地が開拓使の直轄になったのに対し、なぜ館県だけ残ったのか。それは先ほども言ったとおり、他の土地が道外の藩などによる遠隔統治だったのに対し、館県だけは代々、北海道に根付いた人たちが直接統治していたので、残してもいいだろうと扱われたようです。

　ただ館県はその後、政治の流れに翻弄されます。館県が発足したのは明治4年（1871）7月なんですが、小さい県で

単独でやっていくのは難しいだろうということで、わずか2ヵ月後に青森県、正確には弘前県と統合されてしまうんです。

エゾウサギ委員長　ええ？

クマカムイ教授　これは全国的な流れでもあって、廃藩置県があった一番最初、県は全国で200くらいあったんですが、さすがに多すぎるということで70くらいに統廃合されるんですね。その中で館県も弘前県（その後に青森県へと改称）と一緒になったんですが、当時はまだ電話もないし青函連絡船もない時代なので、さすがに海を挟んで上手くやれるわけもありません。

　それで結局、北海道は開拓使が一体的に運営したほうがいいだろうということになり、明治5年（1872）に開拓使が北海道全土の施政権を確立することになりました。

エゾウサギ委員長　北海道の開拓＝開拓使と思っていましたが、じつはこんな歴史があったんですね。知りませんでした。

> **注**
>
> 注1●**廃藩置県**：明治4年（1871）、261あった藩を廃止し府県に統一した地方制度改革で、3府302県になった。これによって明治政府の中央集権体制が確立した。明治21年（1888）に3府43県になった。
>
> 注2●**版籍奉還**：明治政府が中央集権化を進める目的で、明治2年（1869）に諸藩主が版図（土地）と戸籍（人民）を朝廷に返還する形をとった政策。

5時限目　行政

根室県庁（北海道大学大学文書館所蔵）

北海道庁誕生

クマカムイ教授　そんな感じで始まった開拓使時代ですが、開拓使は明治15年（1882）に廃止されます。そして北海道は函館県、札幌県、根室県という3つの県に分割されます。また東京の農商務省 [注1] に北海道事業管理局 [注2] が置かれ、いわゆる三県一局体制に移ります。北海道の開拓は地元の3県と国の1局が連携して行っていくという方針でした。

　こちらが当時の根室県庁舎です（本頁上）。立派ですよね。

143

ただ、明治15年（1882）時点の人口でいうと、函館県が15万1000人、札幌県が9万7000人に対して、根室県は1万7000人しかいませんでした。また面積でいうとやたらと札幌県が広く、襟裳岬から宗谷岬まで全部札幌県でした。

　そんな具合で、3県と言いつつバランスが悪かった。また、北海道の開拓はまだ道半ばなので、北海道全体のトータルデザインをしっかり描く必要があるという議論になり、三県はわずか4年で廃止され、また一つにまとまることになったんです。明治19年（1886）、北海道庁が誕生します。

エゾウサギ委員長　ついに北海道庁が生まれましたね。

クマカムイ教授　ここで一つ注意が必要なのですが、北海道庁と言っても現在の都道府県制度における北海道とは異なります。なので、ここからは「旧・北海道庁」と呼んで区別します。

　旧・北海道庁は国の機関の一つとして位置づけられていました。ちなみに初代の北海道庁長官は、3時限目の「経済・産業」の授業でも登場した岩村通俊です。

エゾモモンガ先生　少し補足すると、戦前の府県知事というのは官選知事といって、国から指名・派遣される人なんです。今のように知事を選挙で選ぶようになる民選知事は戦後に入ってからです。そういう意味では、地方自治という概念も今と戦前とは大きく異なっていて、その観点では旧・北海道庁も他の府県も、さほど大きな違いはなかったとも言えると思います。

　ただ、旧・北海道庁はやはり少し特殊で、要は開拓を進

めていくという特殊な任務があるから、それに伴ってさまざまに独自の制度や統治権が認められていたということは、意識しておく必要があると思います。

> **注**

注1 ● 農商務省: 明治14年（1881）に新設され、民間の農商工業を推進する役割を担った官庁。
注2 ● 北海道事業管理局: 明治16年（1883）に設置され、開拓使が所管していた北海道開拓に関する業務の一部を担った。明治19年（1886）の三県一局制度の廃止に伴い、所管業務は旧・北海道庁に移管された。
注3 ● 内務省: 明治6年（1873）に設置され、富国強兵のための勧業行政と治安対策を担当し政府の中心に。明治14年（1881）新設の農商務省に勧業行政を移し、以降警察と地方行政が主に。昭和22年（1947）に廃止。

北海道開拓に不可欠だった屯田兵

エゾウサギ委員長 北海道の開拓史を紐解く中で欠かせない存在が屯田兵です。

　屯田兵制度が始まったのは開拓使が設置されてから5年後の明治7年（1874）。その翌年に最初の屯田兵村が琴似に置かれたというのは、ご存知の方も多いのではないかと思います。

クマカムイ教授 北海道の開拓は屯田兵が機能することで飛躍的に進みました。

　屯田兵は明治37年（1904）に廃止されるので制度として

明治8年（1873）琴似に入植した屯田兵（北海道大学附属図書館北方資料室所蔵）

は約30年間続いたのですが、その間に家族を含めて4万人が入植し、37の屯田兵村ができました。屯田兵制度ができるまでの北海道への入植は藩単位や個人の意志に基づいていたのですが、屯田兵制度の導入によって組織的かつ大規模に面的な開拓ができるようになりました。

エゾウサギ委員長　初期は琴似や山鼻、江別や野幌など札幌周辺が開拓され、時代が進むと室蘭や旭川、さらには道東方面に拡大していくんですね。

クマカムイ教授　屯田兵には、読んで字のごとく「兵士」の側面と「開拓者・農民」の側面とがあります。普段は農民として働きつつ、いざというときには戦力としても期待するということです。ですので、開墾や農作業と同時に軍事訓練も受けています。

屯田兵の入植地

　屯田兵は実際に出征もしています。例えば明治10年（1877）に勃発した西南戦争[注1]には琴似や山鼻の屯田兵が政府軍として参加しました。これは別の授業でも触れましたが、初期の屯田兵は明治維新で職を失った旧士族が中心でした。特に、戊辰戦争[注2]で敗れた東北諸藩の士族が多く、琴似や山鼻の屯田兵もそれらの地域の出身者が多く占めていんですね。

　ですので、戊辰戦争では朝敵とされ、薩摩や長州などの官軍に苦しめられた東北諸藩出身士族にとっては、西南戦争では逆に薩摩が賊軍、自分たちが官軍ということで、屯田兵の士気は非常に高かったと言われています。

エゾウサギ委員長　リベンジですね。

クマカムイ教授　それ以外にも日清戦争、日露戦争にも屯

日清戦争に派遣される屯田兵（中井喜代之「目で見る北海道史」より／札幌市公文書館所蔵）

琴似屯田兵屋（北海道大学附属図書館北方資料室所蔵）

田兵は参戦しています。

　さて、先ほどエゾウサギ委員長が紹介してくれたように、最初の屯田兵は琴似にできました。

　屯田兵には土地が与えられるのですが、琴似では居住地と農地が分けられ、居住地にはある程度密集して人が住み、そこから少し離れた場所に農地が開かれたんです。

エゾウサギ委員長　自宅から農地まで通勤するような感覚ですか。

クマカムイ教授　そうですね。それに対して、後に開かれた屯田兵村である新琴似や篠路（屯田）では、職住近接と言いますか、各戸が離れて配置され、家のすぐ隣に農地が設定されていました。

　結果、琴似はある程度の人口密集ができていたのでその後に繁華街として発展し、新琴似や篠路（屯田）はそうはならなかった。そのような影響があったのではないかと、私は見ています。

明治29年(1896)の琴似屯田兵村（陸地測量部発行5万分の1地形図「札幌」明治29年）

エゾウサギ委員長　屯田兵の制度がその後の街づくりにまで影響を与えているかもしれないんですね。

クマカムイ教授　屯田兵制度では、それぞれの人が屯田兵として従事する年数も決められていました。

　屯田兵として採用される年齢は18歳から35歳。現役兵として3年、予備役兵として4年、後備役兵として13年、合計20年を勤め上げ、その後はそれぞれ与えられた土地で自由に生きていく権利が得られました。人生設計としてもよくできた制度なのではないかなと感じますね。

囚人と北海道

クマカムイ教授　北海道の開拓の担い手は屯田兵以外にもいました。

　屯田兵は地域を面的に開墾し、農業をします。しかし、北海道全体の発展のためには各地域間を結ぶ長距離の道路をつくったり、鉄道をつくったり、橋をつくったりという土木作業も必要になります。重機がない時代ですから多くの人手が必要だし、何より重労働。それで当時の政府が考えたのが囚人の活用です。

エゾウサギ委員長　囚人ですか。

クマカムイ教授　はい。月形や網走、三笠、釧路などに重罪人ばかりを集めた監獄がつくられました。これを集治監といいます。そしてその収容者に対して、ある種の強制労働を強いることになったんです。

　例えば、現在の月形町に置かれた樺戸集治監の囚人たちは月形から美唄に伸びる道路をつくりました。この地域は湿地帯でその上に道路をつくるというのは大変な作業なんです。丸太を並べてその上に土を盛ってという具合で。こんな過酷な作業、とても民間の人たちではできないということで、囚人があてられたんです。

　その後、さすがにこのようなやり方は問題があるということで、明治27年（1894）から囚人による強制労働は少し

ずつ廃止されてきました。

エゾウサギ委員長 ああ、よかったですね。

クマカムイ教授 いや、そうでもありません。囚人による強制労働に代わって登場したのが、いわゆるタコ部屋労働です。ここで働く人たちは表面的には自由意志でやってきたことになっていますが、実態としては騙されて連れてこられた人たちが多かった。飯場（はんば）に入ると外から鍵をかけられて逃げられないようにされ、何時間も重労働をさせられました。逃げようものなら捕まって殴る蹴るの暴行を受けました。

　このようなタコ部屋労働は戦後まで続き、真駒内に米軍基地をつくったのが最後のタコ部屋労働だと言われています。重機が普及する前の北海道開拓には、このような負の側面もあったんです。

> **注**

注1 ● **西南戦争**：明治6年（1873）、征韓論を巡って明治政府から下野した西郷隆盛が中心となって、明治10年（1877）に起こった鹿児島士族の反乱。集団的士族反乱はこれを最後にした。

注2 ● **戊辰戦争**：慶応4年（1868）から明治2年（1869）にかけて、新政府軍と旧幕府支持勢力が争った戦争。五稜郭の戦いで終結した。

札幌区から札幌市へ

エゾウサギ委員長　明治期、札幌ではどのような行政が行われていたのでしょうか？

クマカムイ教授　開拓使が開設された当初、札幌は「札幌本府」と呼ばれ北海道の行政の中心都市とされたものの、周辺の村との境界線はあいまいでした。明治4年(1871)から6年(1873)にかけて札幌本府の範囲は開拓使本庁舎を中心に1里(約4km)四方と決められましたが、本庁舎の移転などもあり、境界線は何度か変更されます。

　明治7年(1874)から9年(1876)にかけて北海道では道外よりも少し遅れて大区小区制 [注1] が導入されます。石狩国札幌郡は第1大区となり、6つの小区に分けられました。

　明治12年(1879)に郡区町村編制法が施行され、北海道では札幌と函館の市街地が札幌区と函館区になり、官選の区長が任命されました。二つの区以外の北海道内はすべて郡に分けられ、原則として郡が行政を行いました。札幌区の周辺の町や村は、札幌郡という札幌区とは別の行政機関に所属。ただ、最初の頃は札幌区役所が札幌郡役所を兼ねていたようです。この時は北海道だけではなく、仙台区や名古屋区など全国の主要都市が区になったのです。人口の多い東京・京都・大阪には複数の区が置かれました。当時

明治32年（1899）の札幌

の区は府県や開拓使の下部組織という位置付けでした。

　先ほど解説したとおり、明治19年（1886）に旧・北海道庁が設置されました。その2年後の明治21年（1888）には全国に市町村制が施行されたのですが、北海道はこの制度から除外されました。このようなところにも、当時の北海道が例外扱いされていたことが表れています。

　そして明治32年（1899）、北海道区制 [注2] という独自の制度が導入され、この制度に基づく行政区域として札幌区、函館区、小樽区が設置されました。

エゾウサギ委員長　市ではなく区だったんですね。

クマカムイ教授　そうなんです。北海道区制の札幌区と函館区は名前が変わらないのでわかりにくいのですが、それ

札幌区役所（札幌市公文書館所蔵）

以前の区とは性格も権限も異なります。上意下達の機関から、住民の代表者による議会で条例や予算を決められる組織に変わったのです。ちょっと細かい話になるんですが、北海道区制導入後の区（北海道）と市（道外）の違いについて説明しますね。

　区は市に与えられている権限の一部が制限されていました。例えば議会で承認された予算以外は一切支出できないとか、当時の他の市には参事会という機関が置かれていて、市長や市の三役、議会の中心人物などによって構成されて議会に諮らずに物事を決められる権利が与えられていたんですが、その参事会 [注3] が設置できないとか。

　これなども、言ってみれば自治の制限ということで、当

時の北海道がまだ一人前扱いされていなかった印象を覚えます。

　他にも、北海道区制と同時に施行された北海道一・二級町村制［注4］も北海道独自の制度ですね。

　二級町村というのは簡単に言うと、財政的に自立することが難しい町村。ですので北海道庁長官がそれらの町村の町長や村長を任命し、財政面も面倒を見るという体制でした。

エゾウサギ委員長　まだ発展途上という認識だったんですね。

クマカムイ教授　そういうことですね。

　さて、北海道区制が導入された頃の札幌区ですが、当時の範囲はどれくらいだったかというと、今の札幌市から比べるとだいぶ狭いです。

　都心と中島公園と、北区の北26条くらいまでのエリアです。

　札幌区の範囲は、かつての市電全盛期の路線網とほぼ一致します。逆に言うと、かつての市電は旧・札幌区の範囲を網羅していたとも言えるんです。

エゾウサギ委員長　なるほど。歴史の成り立ちとしても、このあたりが元祖・札幌という感じなんですね。

クマカムイ教授　ちなみに、現在の札幌市にあたるエリアはどのような状況だったか。札幌区の周りには平岸村や白石村、篠路村などが、それぞれ別々の村として存在していました。

なお、明治27年（1894）以前の月寒(つきさっぷ)村は現在の北広島市をも含んでいました。この年、広島県出身の人々による開拓の成果が旧・北海道庁に認められ、広島村の名で独立。これが後の北広島市に繋がります。

　北広島にはご存じエスコンフィールドがあり、北海道日本ハムファイターズが札幌ドームから本拠地を移転しました。ただ、この地図を見ていると旧・月寒村の中で引っ越しただけじゃないかという気もしてきます（笑）。

エゾウサギ委員長　そんなことを言うのはクマカムイ教授くらいだと思います（笑）。

クマカムイ教授　その後、札幌区は周辺の村と次々に合併します。大正11年（1922）に北海道にも市制が導入されると、札幌区は函館区、小樽区、旭川区、室蘭区、釧路区と共に市になりました。

　1時限目の都市計画・まちづくりの授業で、この翌年に旧・都市計画法[注5]が改正され札幌にも適用されたという話が出ました。都市計画法が適用された都市は全国で25都市あったのですが、北海道では釧路以外の5市が適用対象になりました。

エゾウサギ委員長　これから大きな都市として育てていく意志のようなものを感じますね。

注

注1● **大区小区制**：府県や開拓使の区域内をいくつかの大区に分けて区長を置き、大区の中をいくつかの小区に分けて戸長を置く地方行政制度。各地域

は「第3大区2小区」のように数字で呼ばれた。明治5年（1872）から全国に順次導入。郡区町村編制法の施行により明治12年（1879）に廃止された。
注2 ● 北海道区制: 明治21年（1888）に市制・町村制が定められたが北海道は時期尚早として適用されなかったため、明治32年に北海道一・二級町村制とともに施行された勅令。施行と同時に札幌区・函館区・小樽区が発足し、その後旭川区、室蘭区、釧路区が発足した。大正11年（1922）の市制改正による6区の市制移行に伴い廃止。
注3 ● 参事会: 大日本帝国憲法下における日本の地方公共団体の議決機関。
注4 ● 北海道一・二級町村制: 明治32年（1899）に北海道区制とともに施行された勅令。昭和18年（1943）の勅令廃止に伴い一・二級町村は消滅したが、二級町村は特例で指定町村となり従来の制度が存置された。昭和21年（1946）の府県制改正に伴い、指定町村も消滅。
注5 ● 旧・都市計画法: 大正9年（1920）に施行された法律。施行当時は6都市に適用され、大正12年（1923）には25都市へと拡大。都市計画地方委員会の議を経て内務大臣が決定し、内閣の認可を受けるように定められていた。

北海道開発庁と北海道開発局という二重構造

エゾウサギ委員長 　札幌市になってからも、昭和16年（1941）に円山町、昭和25年（1950）に白石村、昭和30年（1955）に琴似村、札幌村、篠路村を編入するなど、札幌市は拡大を続けていきます。

　ここからは戦後の札幌の行政について見ていきたいと思います。先ほど、戦前の北海道庁は内務省の直轄とされ、北海道は他の府県とは異なる扱いを受けていたという説明がありました。この扱いが変わるのが昭和22年（1947）の地方自治法の施行。ここからの北海道は地方自治体の一つ

として一人立ちすることになりました。

クマカムイ教授　とはいえ、これも「経済・産業」の授業で解説しましたが、戦後復興という観点で北海道の開発は国の重要プロジェクトと位置づけられていました。したがって、昭和25年（1950）に北海道開発法 [注1] という法律が施行され、中央省庁の機関として北海道開発庁 [注2] が誕生。北海道開発庁には国務大臣も置かれました。

　一方、非常にまぎらわしい話なんですが、昭和26年（1951）に北海道開発局 [注3] という機関が札幌に設置されています。これは北海道開発庁の内部部局なんですけれども、この局に対して指揮監督権を有していたのは、じつは農林水産省、旧・運輸省、旧・建設省の各大臣だったんです。

　国務大臣が置かれている北海道開発庁の内部に、他の省庁の大臣が口を出せる局があるという、なんだか不可思議な構造となりました。

エゾウサギ委員長　なんだか屋上屋を架すというか、二重行政のような気もしますが。

エゾモモンガ先生　行政というのは大きく分けて、国と地方に区分されます。そして地方は都道府県と市町村というレベルに分けられます。ここまでは、比較的わかりやすいと思います。

　国の機関というと霞ヶ関にある中央省庁が思い浮かびますが、中央省庁だけで国の仕事を全部やりきれるわけではなく、現場の実施部隊として各地方に地方支分局を持って

いるわけです。例えば東北だったら、東北6県をまとめた東北〇〇局という市分局を各省庁が持っています。そして、北海道開発局も中央省庁の地方支分局という位置づけなので、さほど不思議な話をしているわけではありません。

　複雑になるのは北海道の場合、北海道全体の開発を管理する北海道開発庁があることです。北海道を総合的に開発していくために、各省庁がバラバラに地方支分局を持つのではなく北海道開発庁の中にまとめたという構図です。

エゾウサギ委員長　それだけ北海道が広大であり、また総合的な開発を検討し、調整する必要があったということなんですかね。

エゾモモンガ先生　そうですね。加えていうと、地方自治法の施行によって北海道は都道府県の一つと位置づけられましたが、他の都府県に比べればまだ基盤は脆弱だったということです。ですので、北海道では本来は道が行うべき仕事を国が肩代わりしていたり、補助金を交付する際も北海道だけは補助率を上げてスムーズに進むようにしたり、という特別扱いは実態としては続いていたんですね。

　だから北海道開発庁という官庁も必要だったし、そこに北海道開発局も置かれることになったと理解すればいいと思います。

　なお、平成13年（2001）の省庁再編で北海道開発庁は国土交通省の内部部局である北海道局に、北海道開発局も国交省の地方支分局としての北海道開発局に、それぞれ位置づけられています。

注

注1 ● 北海道開発法：北海道における資源の総合的な開発に関する基本的事項の規定を目的として、昭和25年（1950）に施行された法律。

注2 ● 北海道開発庁：北海道開発法（昭和25年公布）に基づいて創設され、総理府の外局として北海道の総合開発事務を行った。平成13年（2001）の中央省庁再編に伴い、国土交通省北海道局となった。

注3 ● 北海道開発局：明治26年（1951）に北海道開発庁の地方支分部局として設置され、北海道における河川、道路、港湾、空港などの国直轄事業を行った。平成13年（2001）の中央省庁再編により、国土交通省の地方支分部局となった。

公共事業依存の問題

エゾウサギ委員長　行政と言えば予算。お金の使い方はどうなんでしょうか。

エゾモンガ先生　よく言われることですが、北海道の産業構造として二次産業、製造業が弱いということがありますよね。

エゾウサギ委員長　経済・産業の授業でも触れましたね。

エゾモンガ先生　製造業が弱いのに対して、強い産業が何かというと建設業や土木業。これらは公共事業に依存する産業構造と表裏一体の関係にあるのではないかと思っています。

　実際、北海道の開発を進めるという名目のもと、歴史的に北海道に対しては重点的に国の建設予算が投じられてき

ました。それを可能にするのが一括計上という仕組みです。

　通常、国の予算というのは各省庁が個別に財務省に対して概算要求しますが、北海道開発予算は農水省や厚労省、環境省に関係する予算も国交省が一括で要求するようになっています。北海道開発計画に基づいてこういう予算が必要だから一括で要求する、ということですね。

　こうすることで、ある意味で予算が優先的かつ安定的に確保され、強い予算獲得力を背景に国からの補助割合を手厚くすることで、北海道開発がスムーズに進んだという部分があります。

エゾウサギ委員長　ただ、その代償として産業の公共事業依存が進んでしまったという側面もあるんですね。

エゾモンガ先生　そうですね。実際、道外から訪れた人が北海道の公共施設や道路等のインフラを見て驚くんですよね。あんな公共事業、自分の地元にはできないぞと。ピーク時には国全体の公共事業の1割が北海道で行われていたというデータもあるほどです。

　ただ問題になるのは、それだけの投資をしてきて北海道の経済や産業は活性化したのか、という話。今、北海道で積み重ねてきた公共投資のストックは、国全体の7〜8％あるとされています。それに対して日本のGDPのうち北海道が寄与しているのは4％くらいしかない。このギャップはやはり問題だろうと、私は考えています。

合併の住民投票を要求する豊平町民（札幌市公文書館所蔵）

政令指定都市・札幌

エゾウサギ委員長　話が北海道全体のほうにいってしまったので、札幌に話題を戻したいと思います。

　戦後、人口が増え続けた札幌市は昭和47年（1972）、政令指定都市に移行します。ただこの過程で一つ、大きな騒動が起こりました。それは昭和36年（1961）の豊平町との合併です。

　先ほど、札幌市は合併を繰り返して拡大してきたという説明がありましたが、豊平町との合併はそれまでとは桁が違いました。当時、豊平町は7万人を超える人口を抱え、

合併を決めた豊平町議会（札幌市公文書館所蔵）

合併を祝う花電車（札幌市公文書館所蔵）

面積もそれまでの札幌市の約2倍。超大型合併でした。

エゾモモンガ先生　豊平町では札幌市との合併にあたり、激しい反対運動が繰り広げられました。当時の住民が、激しい文句を掲げたプラカードを掲げてデモを行う写真も残っています（前頁上）。

　エゾウサギ委員長の言うように、当時の豊平町はすでに、単独の市としてやっていけるほどの規模を誇っていました。定山渓鉄道が町内を走り、水源や鉱山もある。それだけのインフラが揃っているんだから、札幌と合併しなくても単独でやっていけるじゃないかという感情が、地元では根強かったんです。

エゾウサギ委員長　たしかに、それくらいの規模はありますよね。

エゾモモンガ先生　町議会でも合併決議が一度否決され、その後に町議会選挙が行われ、わずかに合併推進派の議席が上回りました。それで二度目の決議を行い、16対12という僅差で合併が承認されたのですが、このときも議場に

は多くの住民が押し寄せ大混乱。

　当日の議会の写真（前頁左上）を見ると、議長の机の前に「退場しない場合警官に引渡します」と書かれています。穏やかじゃないですよね。

　このような混乱を乗り越え、最終的に豊平区は札幌市に編入されました。その際は合併を祝う花電車も走ったそうです（前頁右上）。

エゾウサギ委員長　その後、昭和42年（1967）に手稲町が札幌市に編入され、現在の札幌市の市域が完成。昭和47年（1972）に政令指定都市に移行しました。

エゾモンガ先生　政令指定都市という制度を、すこし解説しておきます。

　戦後に制定された地方自治法の中には、政令指定都市ではなく特別市という制度が盛り込まれていました。これは当時の五大都市、大阪、名古屋、横浜、京都、神戸に適用することを想定していたものですが、特別市は府県から完全に独立し、府県が持つ権限を担うという制度です。

　ただ、この制度は府県の権限と予算を大いに侵害しますから、府県はこの制度に非常に強く反発し、実際に特別市に移行した市は一つもありませんでした。

エゾウサギ委員長　それで、代わりに設けられたのが政令指定都市という制度なんですね。

エゾモンガ先生　そういうことです。政令指定都市は特別市に比べると穏当な制度で、都道府県の権限の一部を移譲される形です。人口50万人を超えると政令指定都市に

昭和35年（1960）の札幌市と豊平町

移行できると法律に明記してあります。

　じつは札幌市は豊平町と合併した時点ですでに、人口60万人を超えていて政令指定都市になる条件は満たしていたんです。しかし市のほうは権限をもらっても自分たちの財源ではやっていけないと時期尚早という考え方でしたし、政府も法律上は50万人以上とは書いているけど、実態としては100万人規模にならないと維持できないだろうと考えていて、仮に申請されても承認はされなかったと言われています。

　その後、手稲町と合併することで札幌市の人口100万人超えが見えてきて、本格的に政令指定都市に移行する準備を始めることになりました。

エゾウサギ委員長　いよいよですね。
エゾモモンガ先生　政令指定市になると、市内に行政区ができます。ある意味、住民にとって一番わかりやすい変化かもしれません。ですので、この区割りをどうするかというのが、住民の一大関心事になりました。

　昭和42年（1967）、札幌市は最初の区割り構想を発表します。市全体を5つの区、具体的には中区、東区、西区、南区、北区に分けられる計画だったようです。その後、市からは7区案というのも出されました。名前は中区、屯田区、元町区、白石区、豊平区、真駒内区、琴似区。現在の名称ともだいぶ違いますね。

　この時期、市役所には多くの陳情が集まりました。それらは今でも札幌市公文書館の展示室に行くと見ることができますが、なかなか面白いです。例えば、定山渓エリアの人からは真駒内区という名称に対して、手稲エリアの人からは琴似区という名称に対して、それぞれ反対意見が寄せられています。

エゾウサギ委員長　それぞれの地域の人の気持ちも、わからなくはないですね。

日本の大都市行政の問題

クマカムイ教授　私たちは普段、札幌は政令指定都市であるというのを特段の疑問もなく受け入れているんですけど、

そもそも政令指定都市ってなんなのか、ということを考えてみたいと思います。この問題を掘り下げると、今の日本の大都市行政の問題点が見えてくるんです。

　政令指定都市というのは、先ほども説明があったとおり、都道府県の権限や業務の一部を委譲された都市です。例えば都市計画や保健衛生、環境政策などの業務を担うのですが、一方で独自の財源がなかったり特別な財源措置がなされていない面もあり、じつは財源的には厳しい政令指定都市も多いんですね。

エゾモモンガ先生　日本で大都市政策、大都市行政をどうするかという議論ってほとんど起こらないんです。

　唯一の例外が、大阪都構想でしょうか。大阪府と大阪市の二重行政構造を是正するために大阪都構想ということをおおさか維新の会が提起しましたが、住民の理解が得られず頓挫しました。住民の人たちにとってもわかりづらいテーマで、議論が深まりにくいだろうと思います。

　先ほどクマカムイ教授から財源の問題が提示されました。要は、権限や業務が委譲されたほどには、政令指定都市に自主財源が移っていないという、制度上の問題です。

　日本の自治体の財源には、地元の住民や企業などから税金を得る自主財源と、国からの地方公金という外部財源とがあります。政令指定都市のほとんども国からの交付税交付金を受け取っています。実態としては、都道府県に替わって業務を行うほどには自主財源が強くないので、交付金に依存するような構造もあります。

一方、地方交付金は本質的には財政力が弱い自治体に国から与えられるお金なので、政令指定都市に重点的に配分するような仕組みになっていません。ですので、政令指定都市は宙ぶらりんな存在で、仕事は多いけど自分で稼げるような仕組みに乏しく、外部からの支援も弱いという、そんな位置づけになってしまっているんです。

エゾウサギ委員長　政令指定都市って恵まれてるのかと思っていたんですが、むしろ逆なんですね。

クマカムイ教授　そういうことです。そして、財政的に弱った大都市たる政令指定都市が、未来に向けて適切な投資を行えなくなり活力を失うと、今度は国全体の成長力や経済力にも影響してくる問題になります。

　札幌でいうと、札幌の人口増加の大きな要因として高齢者人口の流入があります。

　高齢者が増えると、行政という立場からすると医療や介護に関するコストが大きくなる。本来であれば都市がしっかり稼いでいくために若者や未来の産業に投資するべきなのに、そこにお金がまわらなくなってしまう。

エゾウサギ委員長　ジリ貧になってしまいますね。

クマカムイ教授　人口密度という問題もあります。

　かつて平成の大合併という政策があり、平成2年（1990）から平成22年（2010）にかけて全国区の市町村数が約3200から約1800に減少しました。岡山や静岡などはその中で政令指定都市になっているんですが、都会だった都市と周辺の郊外自治体を合併させた結果ですから、人口こ

そ多いものの面積も広く、人口密度は低いんです。

　人口密度が低ければどうしたって行政サービスの効率は落ちますから財政的にも厳しくなる。本来、都市というのは人口密度が高い状態を表す言葉なのに、人口密度の低い大都市という矛盾した存在が生まれてしまっています。これは広大な市域を抱える札幌にも共通する課題です。

エゾウサギ委員長　今、全国に政令指定都市は20あり、そこに全国民の20％が住んでいますよね。そこでどのような政策が行われるかというインパクトは、相当大きいですよね。

　一方、そのように政令指定都市が増えてくると、都道府県との関係がどうなるんだろうというのも気になります。

クマカムイ教授　相対的に都道府県の重要性は低下していきます。都道府県の調整機能なんか不要じゃないかという話から、いわゆる道州制の議論にもつながっていくんですよね。

　一方、北海道を見ると、自治体はまだ179あります。もっと合併を進めるべきだろうという議論もあるんですが、実態としては一つ一つの自治体の面積も広く交通事情も悪いので、仮に合併したとしても一つの自治体としての一体感や統合的な政策実行が難しいという問題もあります。

　そして、これだけ広く多くの自治体を抱える地域を、北海道庁一つでカバーしきれるのかという問題もあり、むしろ北海道を分割するという考え方もあるかもしれません。

エゾウサギ委員長　かつての三県一局は上手くいかなかっ

たけど、現代はむしろ機能するかもしれないですね。
クマカムイ教授　札幌市の財政の苦しさは、北海道議会の議論を見ていても感じることがあります。

　北海道全体の予算配分を考える中でも、どうしても札幌市は「政令指定都市なんだから自分でなんとかして」という話になってしまって、他の自治体にどのように分配するかという議論が支配的なんですよね。
エゾモモンガ先生　ちゃんとデータに基づいて検証すると、財政的にはむしろ道内の過疎自治体に比べても札幌市のほうが厳しいんです。
クマカムイ教授　ものすごく乱暴な言い方をすると、政令指定都市の問題も結局のところ、人口増加や経済発展が見込める時代であれば、それによって穴埋めされてしまったんだと思います。

　しかし今、日本は人口減少時代に入り、経済発展も厳しい。というときに、政令指定都市を含む大都市問題は放置できないテーマになってきているということですね。

北海道と札幌の関係性

エゾウサギ委員長　札幌市民の立場でいうと、僕らは市民税と同時に道民税も払っていますよね。

　その道民税の使い方が、先ほどの道議会の話でいうと、札幌以外に持っていくことがあたかも前提になっているか

のような議論だとすると、違和感を覚えるというのが正直なところです。

　一方、札幌の発展や繁栄は、周辺自治体からの人口の吸収だったり、ある種の北海道ブランドや札幌以外で収穫される農産物や水産物だったりに支えられている部分もあります。

　前向きに解釈すれば、持ちつ持たれつ、という部分もあるのかなと思うんですが、どうでしょうか。

エゾモンガ先生　そういう側面はたしかにありますが、政策論で言えば北海道の成長戦略がずっと、北海道全体の均衡的な発展に置かれているという問題なんだろうと思います。

　経済戦略で言えば、可能性があるところに重点的に投資するというのが王道なのに、どうしても平均的なばら撒きになってしまっている実態があると、私は考えています。

　身も蓋もない言い方をすれば、今、そのような政策をやるだけの余裕が日本にも北海道にもありませんよね、という問題提起でもあります。そういう危機感をしっかり持つことが大事だと思います。

クマカムイ教授　札幌には人口のダム機能があると言われていました。

　道内の自治体から仕事を求めて札幌にやってくる。そこで定住するので、道外への人口流出は防げる。そんな理屈です。

　しかし今、道内の自治体から札幌への人口流入を細かく

見ると、高齢者と同時に増えているのが若い女性です。これは、若い女性が増えているというよりも、若い男性が札幌に留まることなく道外に流出していると見るべきなんです。札幌の人口ダム機能は決壊しちゃっているんですね。

エゾモモンガ先生　札幌には、若い女性の受け皿になるようなサービス業が多くありますが、若い男性は仕事を求めて東京などの道外に出てしまう実態があります。札幌に残った女性たちも非正規雇用が多いという問題があって、女性の経済力の弱さがそのまま出生率の低さにもつながっている。

　だから札幌の行政としては、雇用を生んで、結婚して子供をつくりやすくなる環境をつくっていかなければならない。しかし現実は、増え続ける高齢者への対応や、人口密度の低さに基づく非効率な行政サービスの提供に汲々としている。

　これは札幌単体ではなく、北海道全体の問題でもあるし、日本という国の大都市行政をどうデザインするのかという問題にもなっていくと、私は考えています。

地方分権と北海道

エゾウサギ委員長　先ほど、軽く道州制の話も出ましたけど、そもそも国と地方の関係や地方自治をどう考えるのか、というのも問われているのかもしれませんね。

エゾモンガ先生　かつての日本というのは、国が上位で地方が下位という構造でした。通達行政といって、中央からくる通達に地方が黙って従うイメージ。それが2000年に施行された地方分権一括法[注1]によって変わった。国と地方は対等な関係になった。はずだったんです。

エゾウサギ委員長　はずだった、けど？

エゾモンガ先生　この法律の施行と連動して、2000年代前半の小泉構造改革の時代には国から地方への補助金もだいぶ整理されました。本当ならその流れの中で、国から地方への財源の移譲とか、地方独自の財政のあり方などを議論していくべきだったんです。

　しかし平成20年（2008）のリーマンショックや平成23年（2011）の東日本大震災以降、なし崩しに国から地方への補助金が増えていきました。結果、地方の自主財源をどうするかという議論は進まず、結局国からまわってくるお金をあてにするような行政に戻ってしまった。

　だから今は、法律上は国と地方は対等と言っているけど、実態は逆。特に北海道の自治体は財源が厳しいから、国の言うことを聞くしかない。そんなマインドがこびりついちゃっています。

エゾウサギ委員長　そんな状況では、地方分権とか地方自治の議論なんて進まないですね。

エゾモンガ先生　でも国だって痩せ細って財政的にますます厳しくなる未来が見えている。だったら今のうちに、自分たちで独自に生き残る道をつくっていくしかないじゃ

ないですか。

　地方分権というのは、端的に言えば地方が自立し、生き残るかどうかという問題。これは札幌も北海道も、もっと考えて動いていかないといけない話です。

エゾウサギ委員長　行政というと、なんとなく身近に感じにくいテーマだったんですが、じつは僕たちの未来に直結する重要な内容でした。

> 注

注1 ● 地方分権一括法：地方自治体の自主性を強化し自由度を拡大することを目的として、平成12年（2000）に施行された法律。国と地方の役割分担の明確化、機関委任事務制度の廃止などにより、地方分権型行政システムの構築に寄与した。

テスト

問1 開拓使は明治15年（1882）に廃止され三県一局体制に移行したが、三県は函館県・札幌県とどの県か？

①釧路県　②根室県　③十勝県　④上川県

問2 明治7年（1874）に、北海道開拓の推進を目的に屯田兵制ができたが、最初に設置された屯田兵村はどこか？

①野幌　②江別　③山鼻　④琴似

問3 大正11年（1922）、札幌区は市制に移行し「札幌市」になった。同時に誕生した市をすべて選べ。

①函館　②旭川　③釧路　④小樽

問4 戦後の北海道開発を担った、昭和25年（1950）に設置された中央省庁の機関は次のうちどれか？

①北海道管理局　②北海道開発局　③北海道開発庁　④北海道庁

問5 札幌市が政令指定都市に移行する前の昭和36年（1961）に、とある自治体との合併問題が決着したがそれはどの自治体か？

①白石村　②豊平町　③手稲町　④円山町

解答一覧

問1

[答え] ②根室県

「北海道庁誕生」を参照。農商務省管轄の北海道管理局を含めた三県一局体制は4年という短期間で終わり、より中央集権的な内務省管轄の北海道庁の管理へと移行しました。

問2

[答え] ④琴似

「北海道開拓に不可欠だった屯田兵」を参照。選択肢の順番は、「④琴似（明治8年）→ ③山鼻（明治9年）→ ②江別（明治11年）→ ①野幌（明治18年）」です。

問3

[答え] ①〜④全て

「札幌区から札幌市へ」を参照。明治32年（1899）に施行された北海道区制に基づき、札幌区・函館区・小樽区がまず発足し、その後旭川区・室蘭区・釧路区が発足されました。市制移行に伴い、上記6都市は市に移行しました。

問4

[答え] ③北海道開発庁

「北海道開発庁と北海道開発局という二重構造」を参照。北海道開発庁は北海道開発法に基づいて設置され、国務大臣も置かれました。北海道開発局は昭和26年（1951）に北海道開発庁の内部部局として設置され、北海道庁は戦後は地方自治体となりました。

問5

[答え] ②豊平町

「政令指定都市・札幌」を参照。札幌市は多くの合併を繰り返し、現在に至ります。昭和16年（1941）に④円山町、昭和25年（1950）に①白石村、昭和31年（1956）に③手稲町と合併しました。

おわりに
歴史は人間臭く、たまらなく愛おしい

人間の思考や行動は今も昔も変わらず

　もしも、黒田清隆と岩村通俊（この二人の対立については3時限目「経済・産業」を参照）が現代の北海道のトップにいたら、一体どんなケンカをしているでしょうか。公共交通やエネルギー、観光などの諸課題にどう取り組み、人口減少の中でどんな舵取りをするのかを想像すると興味が尽きません。きっと二人は激しく議論を戦わせ、時には黒田の思いつき発言で部下が右往左往したりしながら、交替で役割を果たすのでしょう。

　今から130年以上前、岩村は札幌の市街地を碁盤の目のように整備し、すすきのの原点となる遊郭を開き、道路や旭川の都市計画も残しました。一方の黒田はビールや缶詰などの官営事業を立ち上げて北海道ブランドの基礎を築き、国防と開拓を担う屯田兵制度を導入しました。二人のどちらを欠いても、北海道のその後の発展は難しかったかもしれません。にもかかわらず、当時30代〜40代だった若い

二人は何度も対立し、まるで子供のケンカのように意地を張り合い、挙句には札幌中心部と山鼻地区の碁盤の目が曲がってしまった（クマカムイ教授の想像）なんて、面白くて笑ってしまいます。

　決して完璧とは言えない人たちが、現代の私たちと同じように笑って泣いて、悩んだり、失敗したり、ヘソを曲げたりしながら頑張った記録の積み重ねが北海道の近代以降の歴史。時代は違えど、人間の思考や行動のパターンは現代と同じだったりして、知れば知るほど愛おしさが込み上げてくるのです。

サラリーマンから個人事業主になった北海道

　江戸時代後期、蝦夷地と呼ばれていた北海道は外国の侵略に備える防衛の拠点と位置付けられるようになりました。明治政府がその方針を引き継ぎ、開拓使を設置。生活基盤を失った士族たちの移住・再建の地としても活用します。それと同時に、日本全体に食料や資源（石炭など）を供給する、植民地にも似た役割が求められました。

　国から明確な役割と具体的な指示が与えられていたこの時代の北海道は、社会人にたとえれば新人サラリーマンだったと言えるかもしれません。

おわりに

　山越えをせずに日本海側と太平洋側を行き来することができ、川伝いに内陸の広い範囲と連絡できる札幌が行政の中心地に選ばれますが、実際の経済活動は別で、港に人や物資が集まる函館や小樽が中心でした。道内で最初の銀行店舗が開設されたのは明治9年（1876）の函館。後に金融の中心は、鉄道がいち早く開通し物流拠点として繁栄した小樽へと移っていきます。一方、札幌では官営工場や農学校が開設されるなど、官主導の都市建設が進められました。そんな札幌でも、住民たちは自ら娯楽を生み出し、日々の生活をたくましく楽しんでいたようです。

　金融の中心地が小樽から札幌に移るのは、開拓推進のための国策銀行として設立された拓銀（北海道拓殖銀行）が店舗網を広げたことと、戦時体制で重要度が増した公金を扱う銀行が札幌に集中していたことが理由として挙げられます。これにより、札幌は名実ともに北海道の中心都市として歩み始めました。

　しかし、日本が満州を支配下に置き、開拓のための移民を積極的に推進するようになると、それまで北海道が国から期待されていた役割の一部を満州国が担い始めます。社会人でいえば、優秀な後輩に仕事を奪われてしまったような状態です。

戦後、その「優秀な後輩」はいなくなりました。空襲被災者や引揚者の受け入れ、石炭の増産などで一時的に「仕事」が増えたものの、やがてエネルギー政策の転換で、石炭の供給という重要な任務を失ってしまいます。すでに自治体としても他の都府県と同格の扱いで、かつてのように国の政策に従っていればいいという立場ではありません。いつの間にかサラリーマンから個人事業主になっていた北海道は、自力で生きることが求められます。炭鉱から観光への転換、農林水産業の六次産業化など、さまざまな方法が試されました。

　相次ぐ炭鉱の閉山は、人々を札幌に集め、札幌一極集中の流れを加速させました。その後の札幌の大発展は、北海道全体の体力低下と表裏一体。個人事業主の北海道は健康体とは言えません。これまで歩んできた歴史を踏まえた再興戦略が求められています。

「天は何も語らず、歴史をして語らしむ」

　若い世代を中心に街の未来を考えるトークセッションが盛んですが、そこで歴史が深掘りされることはあまりないようです。一方、歴史のイベントには若者の姿が少なく、未来に向けた議論に今ひとつつながっていません。歴史は

未来を映す鏡であるはずなのに、歴史と未来は別々の場所で、別々の人が語っているのが現実です。

　郷土史と聞くと「一部のマニアや高齢者の趣味」というイメージをお持ちの方もいるかもしれません。でも、実際には黒田と岩村の意地の張り合いのように、私たちとあまり変わらない人間たちが繰り広げる、ありがちなエピソードの積み重ねなのです。ドラマを見ているようなつもりで「ああ、こういう上司っているよな」「その気持ち、わかるわかる」と心の中でつぶやきながら空想すればとても楽しい。しかも、そのエピソードの結末や後世に与えた影響は、私たちが未来に向けて何をすべきか、今後何かの判断に迷ったらどう考えるべきかのヒントを与えてくれます。

　平成初期、現代日本の文化史を歴史上の出来事になぞらえて解説する教養番組風バラエティー番組「カノッサの屈辱」がフジテレビ系列で放送されました。その中で、仲谷昇さん演じる教授が「天は何も語らず、歴史をして語らしむ」という言葉を引用して、歴史を学ぶ意義を説く場面がありました。番組のセリフとして創作された「名言」ですが、まさに至言だと思います。

　2021年に開催された連続トークイベント『札幌解体新書』は、「はじめに」でも触れたように「札幌の過去を知

り、現在を眺め、未来を描く」というコンセプトで始まりました。一つのイベントの中で開拓使とITが同時に話題になる、これまでにありそうでなかった試みです。歴史と未来のつながりをより深く理解できたことは、札幌・北海道の再興戦略を考える上できっと大きな力になるはずです。

　最後に、トークイベントのゲスト講師を快くお引き受けくださった諸先生、イベントの企画・運営や本作りにご協力いただいた方々、そして、クラウドファンディングでご支援いただいたすべての皆様に、実行委員会一同、心より御礼申し上げます。本当にありがとうございました。

おわりに

　札幌解体新書プロジェクトはこれで終わりではありません。本書で「解体」したのは、無数の網の目のように絡み合っている歴史の一部にすぎないからです。政治、教育、観光、マスメディア、食、スポーツ、祭りやイベント、生活文化など、未来の再興計画につなげるために解体しなければならないテーマはまだまだあります。本書で解体したテーマも、20年後、30年後には「再解体」しなければならなくなるでしょう。だから言わせてください。札幌解体新書はまだ始まったばかりなのだと。

　最後までお読みいただき、ありがとうございました。またいつかイベントで、新たな本で、お会いしましょう。

　　　　　　　　　　　　　　　　　　　　　『札幌解体新書』
　　　　　　　　　　　　　　　　　　　　　クマカムイ教授
　　　　　　　　　　　　　　　　　　　　　実行委員会一同

主要参考文献一覧（順不同）

- 「新撰北海道史」北海道庁／昭和12年（1937）
- 「札幌区史」札幌区役所／明治44年（1911）
- 「札幌市史」
  札幌市史編集委員会／昭和28年（1953）～昭和33年（1958）
- 「新札幌市史」
  札幌市教育委員会／昭和61年（1986）～平成20年（2008）
- 「函館市史」函館市史編さん室／
  昭和52年（1977）～平成19年（2007）平成26年（2014）
- 「小樽市史」小樽市／昭和33年（1958）～平成12年（2000）
- 「札幌村史」札幌村史編纂委員会／昭和25年（1950）
- 「豊平町史」豊平町史編纂委員会 豊平町／昭和34年（1959）
- 「さっぽろ文庫」札幌市教育委員会 北海道新聞社
  7 札幌事始／昭和54年（1979）
  8 札幌の橋／昭和54年（1979）
  22 市電物語／昭和57年（1982）
  33 屯田兵／昭和60年（1985）
  36 狸小路／昭和61年（1986）
  50 開拓使時代／平成元年（1989）
  84 中島公園／平成10年（1998）
- 「札幌沿革史全」札幌史学会／明治30年（1897）年
- 「札幌市営交通の歴史」札幌市交通事業振興公社／平成7年（1995）
- 「北海道道路史3 路線史編」北海道道路史調査会／平成2年（1990）
- 「定山渓鉄道」久保ヒデキ 北海道新聞社／平成30年（2018）
- 「北海道の鉄道」田中和夫 北海道新聞社／平成13年（2001）
- 「最近之札幌」札幌実業新報社／明治42年（1909）
- 「さっぽろ山鼻百年」山鼻百年記念誌編纂委員会／昭和52年（1977）

主要参考文献一覧

- 「月寒地区町内会連合会30年のあゆみ」
  月寒地区町内会連合会／平成13年（2001）
- 「北区エピソード史」札幌市北区総務課／昭和54年（1979）
- 「篠路烈々布百年」篠路烈々布開基百年協賛会／昭和62年（1987）
- 「琴似屯田百年史」琴似屯田百年史編纂委員会／昭和49年（1974）
- 「札幌市都市計画概要 昭和29年飯」札幌市／昭和29年（1954）
- 「北海道拓殖銀行五十年史」北海道拓殖銀行・
  北海道拓殖銀行五十周年記念事業委員会／昭和25年（1950）
- 「札幌の劇場記録 寄席、芝居小屋、そして映画館」
  杉本実／昭和51年（1976）
- 「篠路歌舞伎保存会 30年のあゆみ」
  篠路歌舞伎保存会／平成28年（2016）
- 「オリンピック施設と関連事業」札幌市／昭和46年（1971）
- 「昭和小史 北炭夕張炭鉱の悲劇」
  小池弓夫・田畑智博・後藤篤志／平成8年（1996）
- 「改訂 樺戸監獄『行刑のまち』月形の歴史」熊谷正吉 かりん舎
  九州大学経済学会「経済学研究」第80巻5・6より「北海道開拓使官有物払下げ事件についての再検討 ―誰が情報をリークしたのか―」宮地英敏／平成26年（2014）
- 「週刊 歴史でめぐる鉄道全路線 国鉄・JR」
  朝日新聞出版／平成21年（2009）
- 「北海道新聞」
- 「北海タイムス」
- 「小樽新聞」
- 「北海道毎日新聞」

元号	和暦	札幌・北海道
安政	元	日米和親条約に基づき、箱館が開港
	2	幕府が蝦夷地の大部分が轄とし、箱館奉行を設置
	3	
	4	豊平川に渡し守が設置
	5	
	6	
万延	元	
文久	元	
	2	
	3	
元治	元	
慶応	元	
	2	大友亀太郎により大友堀(現・創成川)が完成
	3	
明治	元	幌内で石炭が発見される
	2	箱館戦争が終結 開拓使が東京に設置 鍋島直正が開拓長官、島義勇が開拓判官に就任 諸藩による分領統治が始1まる 蝦夷地を北海道と改称し、11国86郡を設定
	3	黒田清隆が開拓次官に就任 開拓使庁を函館に移動
	4	開拓使庁を札幌に移動 岩村通俊が開拓判官に就任

国内外	西暦
日米和親条約	1854
	1855
	1856
	1857
日米修好通商条約	1858
安政の大獄	1859
桜田門外の変	1860
アメリカ南北戦争（〜1865年）	1861
	1862
	1863
	1864
	1865
	1866
大政奉還、王政復古	1867
戊辰戦争（〜1869年） 江戸を東京と改称	1868
版籍奉還	1869
	1870
東京-京都-大阪間の郵便開始 廃藩置県	1871

元号	和暦	札幌・北海道
明治	4	廃藩置県に伴い、諸藩による分領統治から開拓使庁による北海道全土の直接管轄に変更(館県は青森県編入を経て翌年開拓誌に編入) 現在の南4条通以南と南5条通以北の西3・4丁目の2町四方が薄野遊郭と名付けられる 札幌初の芝居小屋である秋山座が開業
	5	開拓使十ヵ年計画が開始 札幌の開拓使庁が札幌本庁に改称し、函館・根室・浦河・宗谷・樺太の5カ所に開拓使支庁を設置 室蘭港が開港
	6	亀田-札幌間の新道(札幌本道、現・国道36号)が完成 芝居小屋の東座が現在の狸小路2丁目に開業
	7	黒田清隆が参事兼開拓長官に就任 屯田兵制度が開始 三菱商会が東京-函館定期航路を開く
	8	樺太千島交換条約締結により、開拓使の管轄に千島列島を編入 最初の屯田兵が札幌郡琴似村に入植
	9	三井銀行が函館に出張店を開設 札幌農学校(現・北海道大学)が開校 北海道大小区画制が制定 開拓使麦酒醸造所(後の札幌麦酒醸造所、現・サッポロビール)開業 札幌-小樽間の道路が開通
	10	屯田兵第1隊が西南戦争に参戦 札幌農学校の教師ブルックスが、日本で初めてスケートを滑る

国内外	西暦
岩倉使節団派遣（〜1873年） 新貨条例施行	1871
学制施行 新橋-横浜間の鉄道開通 国立銀行条例施行	1872
徴兵令発布 征韓論争 第一国立銀行設立	1873
民撰議院設立建白書が提出 佐賀の乱	1874
江華島事件	1875
廃刀令 士族の反乱相次ぐ	1876
西南戦争	1877

元号	和暦	札幌・北海道
明治	11	北溟社が北海道初の新聞である函館新聞を刊行
		札幌農学校演武場（現・時計台）が完成
		北海道に本店を置く初の銀行である第百十三国立銀行が函館で開業
	12	幌内炭山が開坑
		郡区町村編制法が施行
	13	郵便汽船三菱会社が函館-小樽定期航路を開く
		幌内鉄道（手宮-札幌間）が開通
		豊平館が完成
	14	開拓使官有物払下げ事件
		樺戸郡須部都太（現・月形町）に樺戸集治監を設置
		札幌市街に条・丁目を導入
		明治天皇が小樽・札幌・室蘭・函館などを行幸
	15	開拓使が廃止となり、札幌県・函館県・根室県を設置
		開拓使廃止に伴い、開拓使麦酒醸造所を「札幌麦酒醸造所」と改称
		空知郡市来知村（現・三笠市）に空知集治監を設置
		幌内鉄道（札幌-幌内間）が全線開通
		岩村通俊が太政大臣・三条実美に「奠北京於北海道上川議」（上川地方に北京を建設する意見）を建議
	16	農商務省に北海道事業管理局を置き三県一局体制に
		晩成社が下帯広に入植
	17	

国内外	西暦
郡区町村編成法が制定	1878
琉球処分 学制を廃止し教育令制定	1879
集会条例制定 刑法公布	1880
明治十四年の政変	1881
立憲改進党・立憲帝政党結成 日本銀行設立	1882
	1883
華族令制定 秩父事件 清仏戦争（〜1885年）	1884

元号	和暦	札幌・北海道
明治	18	金子堅太郎が北海道三県巡視復命書を提出 川上郡熊牛村（現・標茶町）に釧路集治監を設置
	19	三県一局を廃止し、旧・北海道庁を設置 岩村通俊が初代北海道庁長官に就任 囚人労働により上川仮新道（市来知-忠別太間）を着工 北海道土地払下規則が公布・施行
	20	北海道水産税制が公布・施行 道庁から札幌麦酒醸造所の払下げを受け、渋沢栄一・大倉喜八郎らが札幌麦酒株式会社（現・サッポロビール）を設立
	21	村田堤が北有社を開業し、幌内鉄道の運輸請負を開始 永山武四郎が北海道庁長官に就任
	22	道内で先んじて、函館・江差・福山に徴兵令が適用 北海道炭礦鉄道株式会社（北炭）設立 明治政府が上川への離宮設置を決定（その後中止に）
	23	北海道庁が内閣から内務省の管轄に
	24	網走囚徒外役所（後の網走監獄）が釧路集治監の分監となる
	25	北炭が夕張炭鉱の採炭を開始 札幌大火 北海道炭礦鉄道室蘭線（室蘭-岩見沢間）が開通
	26	
	27	新渡戸稲造らが札幌に遠友夜学校を設立 余市銀行（後の旧・北海道銀行）が設立される

国内外	西暦
天津条約 太政官制を廃止し、内閣制度を制定	1885
コレラ・天然痘が大流行	1886
後藤象二郎が大同団結運動を推進 保安条例公布	1887
市制・町村制公布 枢密院設置	1888
大日本帝国憲法、皇室典範、衆議院選挙法が公布	1889
教育勅語	1890
大津事件	1891
	1892
	1893
日英通商修好条約 日清戦争（〜1895年）	1894

元号	和暦	札幌・北海道
明治	28	屯田兵による臨時第七師団を編成
		下帯広村に北海道集治監十勝分監が設置される
	29	渡島・胆振・後志・石狩4ヵ国に徴兵令が施行
		拓殖務省を設置し、北海道及び台湾の事務を統括
		北海道鉄道敷設法が公布
		屯田兵司令部を廃止し、第七師団を創設
	30	北海道国有未開地処分法が公布
		北海道区制・北海道一級町村制・北海道二級町村制が公布
		郡役所を廃止し、19支庁を設置
		釧路で安田炭鉱が開坑
	31	全道に徴兵令が施行
	32	北海道旧土人保護法が公布・施行
		十二銀行（現・北陸銀行）が小樽に支店設置
		北海道区制が施行され、札幌・函館・小樽が区に
		北海道一級町村制・北海道二級町村制が施行
	33	北海道拓殖銀行が特殊銀行として設立
	34	北海道会法・北海道地方費法が公布・施行
		第一期北海道会議員選挙
		札幌大火
		新聞社3社が合併し北海タイムス社が設立
	35	篠路村烈々布素人芝居（篠路歌舞伎）が初演

国内外	西暦
日清講和条約（下関条約） 三国干渉	1895
日清通商航海条約 第1回近代オリンピック	1896
貨幣法公布	1897
日本初の政党内閣である隈板内閣が成立	1898
義和団事件（～1901年） 台湾銀行が特殊銀行として設立	1899
治安警察法公布 産業組合法公布 衆議院選挙法が改正され、選挙資格が「満25歳以上，直接国税10円以上を納める男子」に 北清事変	1900
	1901
第一回日英同盟協約 日本興業銀行設立	1902

元号	和暦	札幌・北海道
明治	36	衆議院選挙法が札幌・函館・小樽に適用
	37	屯田兵制度が廃止
		北海道鉄道株式会社線、全線開通（小樽-函館間）
		札幌石材馬車鉄道合資会社（後の札幌電気軌道株式会社）設立
	38	北海道官設鉄道、釧路-帯広間が全通
	39	農商務省が札幌郡豊平村に月寒種羊場を設置
		五番舘が本道初の百貨店として営業開始
		札幌の五番館が百貨店として開業
	40	北炭幌内炭鉱の争議が暴動化
		札幌大火
		札幌農学校が東北帝国大学農科大学に
		室蘭で日本製鋼所が開業
	41	国鉄が青函連絡船の営業を開始
	42	北海道庁本庁舎の内部が全焼
	43	小樽高等商業学校（現・小樽商科大学）が開校
		第一期拓殖計画（十五ヵ年計画）
		王子製紙苫小牧工場が稼働
	44	皇太子（後の大正天皇）が行啓（以後、道内を巡啓）
	45	
大正	2	
	3	

	国内外	西暦
	新橋-品川間で電車運転開始	1903
	日露戦争（～1905年） 第一回日韓協約	1904
	ポーツマス条約 第二回日韓協約	1905
	鉄道国有法公布 南満州鉄道株式会社設立	1906
	樺太庁官制が公布 第三回日韓協約	1907
	ロシアと樺太境界画定書	1908
	新聞紙法が公布	1909
	大逆事件 韓国併合	1910
	日米通商航海条約	1911
	中華民国成立	1912
	大正政変	1913
	第一次世界大戦（～1918年） パナマ運河開通	1914

元号	和暦	札幌・北海道
大正	4	定山渓鉄道株式会社が設立
	5	札幌の丸井今井が百貨店として開業
	6	住友総本店が鴻之舞鉱山（現・紋別市）を買収し、本格的採掘に着手 北海道無尽株式会社（現・北洋銀行）が設立
	7	北海道帝国大学を札幌に設置 開道五十年記念北海道博覧会が札幌・小樽で開催 札幌で路面電車が開通 定山渓鉄道線が開通
	8	糸屋銀行が本店を旭川に移動
	9	遊郭が薄野から白石町（現・菊水）に移転される
	10	山鼻信用組合（現・北海道信用金庫）が設立
	11	札幌・函館・小樽・旭川・室蘭・釧路が市制に移行
	12	戸長役場制を全廃し、町村制を施行 旧・都市計画法が道内5都市（札幌・函館・小樽・旭川・室蘭）に適用 宇都宮仙太郎らが北海道畜牛研究会を結成
	13	夕張鉄道株式会社が設立される 21代目の豊平橋が落成

国内外	西暦
日本が中国に二十一ヵ条要求を提出	1915
	1916
金輸出禁止 石井・ランシング協定 ロシアで三月革命・十一月革命	1917
シベリア出兵 米騒動 日本初の本格的政党内閣である原敬内閣が成立	1918
ベルサイユ条約 都市計画法・市街地建築物法が公布	1919
第一回国勢調査 戦後恐慌始まる 国際連盟成立	1920
ワシントン会議 日英同盟失効	1921
ワシントン海軍軍縮条約 ソビエト社会主義共和国連邦成立	1922
関東大震災	1923
第2次護憲運動 第一次国共合作（〜1927年）	1924

元号	和暦	札幌・北海道
大正	14	
	15	青森・函館間に電話線が開通 行啓記念北海道庁立図書館が札幌に開館
昭和	2	第二期拓殖計画（二十ヵ年）開始 札幌の路面電車を市営化 北海タイムス社が北24条に札幌飛行場を開設 前年に破綻した絲屋銀行を拓銀が吸収合併
	3	日本放送協会札幌放送局が開局 百十三銀行が旧・北海道銀行と合併
	4	小林多喜二が『蟹工船』を発表 北見の丸い伊藤が百貨店として開業
	5	秩父宮・高松宮来道記念の第1回宮様スキー大会が札幌で開催 北海道アイヌ協会設立 釧路の丸三鶴屋が百貨店として開業 札幌市営バスが営業開始 帯広の藤丸が百貨店として開業
	6	全道アイヌ青年大会が札幌で開催
	7	道庁が農業合理化計画・根釧原野農業開発計画などを策定 三越札幌店営業開始

国内外	西暦
日ソ基本条約 普通選挙法公布 治安維持法制定	1925
中国国民党による北伐開始	1926
金融恐慌 ジュネーブ軍縮会議	1927
張作霖爆殺事件	1928
世界恐慌（～1932年）	1929
ロンドン海軍軍縮条約 昭和恐慌	1930
満州事変 スペイン革命	1931
上海事変 満州国建国宣言 五・一五事件 ドイツ国会選挙でナチ党が第1党となる	1932

元号	和暦	札幌・北海道
昭和	8	王子製紙が、富士製紙・樺太工業を合併し樺太の製紙業を独占
	9	函館大火により市街の3分の1を焼く 鉄道省営バス、札幌−小樽間の運転開始 日高・十勝連絡道路（猿留-広尾間）が開通 札幌グランドホテル開業
	10	国鉄札沼線が全線開通 第二期北海道拓殖計画が改定され、拓地植民から資源開発などに計画の重点が移る
	11	函館の棒二森屋が百貨店として開業 北海道で実施された陸軍特別大演習に昭和天皇が臨席、道内各地を巡幸
	12	日本航空輸送株式会社が札幌-東京間の定期航空路を開設 千歳に海軍航空隊基地の設立が決定
	13	滝川に北海道人造石油株式会社が設立される
	14	室蘭に室蘭高等工業学校（現・室蘭工業大学）が開校 朝鮮人労働者の道内への戦時徴用が始まる
	15	北海道綜合計画委員会が発足 北部軍司令部を札幌に設置 国勢調査で札幌市の人口が函館市を抜いて道内1位に

	国内外	西暦
	日本、国際連盟から脱退	1933
	ヒトラー政権成立	
	ルーズヴェルト大統領就任	
	ドイツ、国際連盟から脱退	
	日本、ワシントン海軍軍縮条約から脱退	1934
	ドイツ・ポーランド不可侵条約	
	ソ連が国際連盟に加盟	
	貴族院で天皇機関説が問題化	1935
	日本、ロンドン海軍軍縮会議を脱退	1936
	日独防共協定	
	盧溝橋事件	1937
	日独伊防共協定	
	国家総動員法公布	1938
	ノモンハン事件	1939
	国民徴用令公布	
	アメリカ、日米通商航海条約の破棄を通告	
	独ソ不可侵条約	
	ドイツ、ポーランドに侵攻。第二次世界大戦始まる（〜1945年）	
	日独伊三国軍事同盟	1940
	大政翼賛会発足	
	ドイツが欧州各国への侵攻を開始	

元号	和暦	札幌・北海道
昭和	16	帯広高等獣医学校（現・帯広畜産大学）が開校
	17	陸軍が丘珠に飛行場（現・丘珠空港）を開設 配電統制令により電力4社が合併し、北海道配電株式会社（現・北海道電力）が設立される 北海タイムスなど新聞11社が合併し、北海道新聞株式会社が設立される
	18	21業社の統合により、北海道中央乗合自動車株式会社（現・北海道中央バス）が営業開始 北海道一・二級町村制が廃止
	19	一県一行主義に基づき、北海道拓殖銀行と旧・北海道銀行が合併 北海道庁立女子医学専門学校（現・札幌医科大学）の設立認可
	20	北海地方総監府を札幌に設置
	21	道庁が北海道開拓者集団入植施設計画を策定
	22	地方自治法の施行により、北海道庁が北海道に 札幌で北海道出版文化祭開 田中敏文が初代北海道知事に当選（〜1959年） 高田富與が第5代札幌市長に当選（〜1959年）
	23	開道80年記念式典を実施
	24	
	25	第1回さっぽろ雪まつり 北海道開発法施行に伴い、北海道開発庁が発足 白石村が札幌市と合併

国内外	西暦
日ソ中立条約 太平洋戦争（～1945年）	1941
ミッドウェー海戦	1942
日本軍がガダルカナル島から撤退	1943
ノルマンディー上陸作戦	1944
ポツダム宣言受諾 国際連合結成	1945
昭和天皇、人間宣言 日本国憲法発布	1946
教育基本法・学校教育法公布 労働基準法・独占禁止法・地方自治法公布	1947
大韓民国成立	1948
北大西洋条約機構（NATO）成立 1ドル=360円の固定相場制（～1971年）	1949
警察予備隊設置 朝鮮戦争（～1953年）	1950

元号	和暦	札幌・北海道
昭和	26	北海道開発法施行が一部改正され、北海道開発局が札幌に設置される 北海道銀行設立
	27	北海道総合開発第一次五ヵ年計画を実施 苫小牧の鶴丸が百貨店として開業
	28	
	29	米駐留軍が北海道から撤退し、自衛隊が移駐
	30	篠津・根釧地域で大規模な農業開発事業が着工
	30	拓銀が全国地方銀行協会を脱退し都市銀行に 札幌村・篠路村・琴似町が札幌市と合併
	31	札幌テレビ塔（塔体）が完成（翌年開業） NHK札幌放送局でテレビ放送が開始
	32	松永安左エ門ら産業計画会議が「北海道の開発はどうあるべきか」を発表 北海道放送（HBC）がテレビ放送開始 夕張の丸丹おかむらが百貨店として開業
	33	北海道大博覧会が札幌・小樽で開催 豊平館を中島公園に移築し、札幌市民会館が開館
	34	札幌テレビ（STV）が開局 町村金五が第2代北海道知事に当選（〜1971年） 原田與作が第6代札幌市長に当選（〜1971年） 第1回ライラックまつり開催 第1回大通公園ビアガーデン開催 東急電鉄・五島慶太の死去に伴い「札幌急行鉄道構想」が中止 札幌市とアメリカオレゴン州ポートランド市が姉妹都市に
	35	北見工業短期大学（現・北見工業大学）が開校

国内外	西暦
NHKで第1回紅白歌合戦	1951
信用金庫法公布	
日米安全保障条約	1952
奄美群島返還	1953
防衛庁設置、自衛隊発足	1954
アジア・アフリカ会議	1955
ベトナム戦争(～1975年)	
日本、国際連合に加盟	1956
ソ連、初の人工衛星の打ち上げ成功	1957
アメリカ、人工衛星の打ち上げ成功	1958
伊勢湾台風	1959
安保闘争が激化	1960

元号	和暦	札幌・北海道
昭和	36	豊平町が札幌市と合併
		札幌市民交響楽団が結成
		札幌飛行場（丘珠空港）が民間機の乗り入れを開始
	37	陸上自衛隊、第2（旭川）・第5（帯広）・第11（札幌）各師団を設置
	38	第二期北海道総合開発計画を実施（～1970年度）
		苫小牧港開港
	39	
	40	札幌市民生活協同組合（現・コープさっぽろ）設立
		札幌の丸ヨ池内が百貨店として開業
	41	
	42	手稲町が札幌市と合併
	43	北海道百貨店記念祝典が札幌で開催
	44	定山渓鉄道廃止
	45	北海道百年記念塔が落成
		札幌市の人口100万人を突破
	46	第三期北海道総合開発計画を実施（～1980年度）
		堂垣内尚弘が第3代北海道知事に当選（～1983年）
		板垣武四が第7代札幌市長に当選（～1991年）

国内外	西暦
農業基本法公布	1961
キューバ危機	1962
ケネディ大統領暗殺	1963
第18回夏季オリンピック東京大会開催	1964
日韓基本条約	1965
戦後初の赤字国債発行 中国で文化大革命開始（～1976年）	1966
公害対策基本法公布 中東戦争（～1970年） ヨーロッパ共同体（EC）、東南アジア諸国連合（ASEAN）発足	1967
小笠原諸島返還 日本が西ドイツを抜いてGNP世界2位に	1968
アポロ11号が月面着陸	1969
核拡散防止条約 大阪万博開催	1970
沖縄返還 環境庁発足	1971

元号	和暦	札幌・北海道
昭和	46	札幌市営地下鉄南北線（北24条-真駒内間）開業 さっぽろ地下街開業 札幌4丁目プラザ開業
	47	第11回冬季オリンピック札幌大会開催 札幌が政令指定都市に移行 札幌市と西ドイツバイエルン州ミュンヘン市が姉妹都市に 豊平峡ダム完成
	48	さっぽろ東急百貨店営業開始 国鉄千歳線を新線に変更、新札幌駅開業
	49	札幌市電の縮小が完了 札幌松坂屋（現・COCONO SUSUKINOの位置）が開業
	51	札幌市営地下鉄東西線（琴似-白石間）開業 札幌市こども人形劇場こぐま座開館 北海道大学で北海道マイクロコンピュータ研究会が発足
	52	北海道立近代美術館が札幌に開館 札幌市教育文化会館開館 有珠山噴火
	53	第三期北海道総合開発計画に代えて、新北海道総合開発計画（~1987年度）を閣議決定 札幌そごうが開業
	54	
	55	国鉄千歳空港駅が開業
	56	駅裏8号倉庫が活動開始 苫小牧港が特定重要港湾に指定

国内外	西暦
ニクソンショック（ブレトン・ウッズ体制の終焉） 1ドル＝308円の固定相場制に移行	
連合赤軍あさま山荘事件 日中国交正常化	1972
ドル円、変動相場制に完全移行 第1次石油危機、第4次中東戦争	1973
日中貿易協定	1974
ロッキード事件 ベトナム社会主義共和国成立	1976
領海12海里、漁業水域200海里を設定	1977
成田空港開業 日中平和友好条約	1978
米中国交正常化 『ジャパン・アズ・ナンバーワン』が刊行	1979
イラン・イラク戦争（～1988年）	1980
	1981

元号	和暦	札幌・北海道
昭和	57	札幌で'82北海道博覧会が開催
		石狩湾新港が開港
		北炭夕張新炭鉱が閉山
		「プランタン新さっぽろ」が開業
	58	社会党推薦の横路孝弘が第4代北海道知事選挙に当選（〜1995年）
		国鉄白糠線が廃止
	60	札幌市の人口150万人を突破
	61	第1回冬季アジア大会札幌大会開催
		イメージガレリオ営業開始
		本多小劇場が営業開始
		札幌芸術の森開設
		札幌市第1テクノパーク竣工
	62	国鉄民営化に伴い、北海道旅客鉄道株式会社（JR北海道）設立
	63	JR津軽海峡線（函館-青森間）、青函連絡船廃止
		第五期北海道総合開発計画・北海道新長期総合計画開始（〜1998年度）
		札幌で世界・食の祭典開催
		新千歳空港が開港
		札幌市営地下鉄東豊線（栄町-豊水すすきの間）開業
		JR函館本線（琴似-札幌間）・札沼線（桑園周辺）が高架化
平成	元	JR天北線・JR名寄本線が廃止
		北電の泊原発1号機が営業運転開始
		定山渓ダム完成

国内外	西暦
	1982
	1983
男女雇用機会均等法成立 プラザ合意	1985
チェルノブイリ原発事故 第一次日米半導体協定	1986
国鉄分割民営化	1987
リクルート事件	1988
消費税3%導入 天安門事件 ベルリンの壁崩壊、冷戦終結	1989

元号	和暦	札幌・北海道
平成	2	第2回冬季アジア競技大会札幌大会開催
		拓銀がたくぎん21世紀ビジョンを策定
		札幌市第2テクノパーク竣工
		札幌芸術の森美術館・野外ステージ営業開始
		第1回PMF開催
		札幌-旭川間が高速道路で直結
		三菱南大夕張炭鉱が閉山、夕張での石炭採掘が終わる
	3	札幌ユニバーシアード冬季大会開催
		桂信雄が第8代札幌市長に当選(〜2003年)
	4	市民出資によるNPO型映画館シアターキノが開業
		ロビンソン百貨店札幌が開業
	5	釧路沖地震
		北海道南西沖地震
		サッポロファクトリーが開業
	6	アイヌ文化研究者の萱野茂が参議院議員に当選
		北海道東北沖地震
	7	JR深名線廃止
		堀達也が第5代北海道知事に当選(〜2003年)
	8	北海道国際航空株式会社(現・AIRDO)が設立
	9	二風谷ダム判決
		アイヌ文化振興法が衆議院で可決
		札幌コンサートホールKitara開館
		五番舘が西武百貨店本体に吸収合併され、札幌西武に改称

国内外	西暦
東西ドイツ統一 バブル崩壊始まる	1990
ソ連崩壊 湾岸戦争	1991
国連平和維持活動（PKO）協力法案可決	1992
欧州連合（EU）設立	1993
	1994
阪神・淡路大震災 東京地下鉄サリン事件	1995
薬害エイズ訴訟 アジア通貨危機	1996
消費税5％導入 地球温暖化防止京都会議が開催 香港返還	1997

元号	和暦	札幌・北海道
平成		札幌市が現在の10区体制に
		拓銀が経営破綻
		北海道の人口が統計開始以来ピーク（約570万人）を迎える
	10	北海タイムス社倒産
		拓銀が北洋銀行・中央信託銀行に事業譲渡
		北海道の急成長する小売業を指して「北海道現象」と名付けられる
	11	マイカル小樽（現・ウイングベイ小樽）開業
		第1回サッポロ・ジャズ・フォレスト開催（2007年からサッポロ・シティ・ジャズ）
		第1回ライジングサン・ロック・フェスティバル開催
		北海道ベンチャーキャピタル株式会社設立
	12	有珠山噴火
		札幌BizCafe開業
	13	札幌ドーム開業
	14	太平洋炭鉱閉山
		北海道国際航空株式会社が民事再生法の適用を申請
	15	JRタワー、大丸札幌店が開業
		高橋はるみが第6代北海道知事に当選（〜2019年）
		上田文雄が第9代札幌市長に当選（〜2014年）
		十勝沖地震
		北海道銀行と北陸銀行によるほくほくフィナンシャルグループ設立
	16	札幌市営バス営業終了
		函館市が4町村と合併

国内外	西暦
まちづくり3法(改正都市計画法・中心市街地活性化法・大規模小売店舗立地法)公布 第18回冬季オリンピック長野大会開催	1998
ユーロ導入 平成の大合併始まる	1999
	2000
アメリカ同時多発テロ	2001
サッカーワールドカップ日韓大会	2002
イラク戦争(~2011年)	2003
プロ野球再編問題 新潟県中越沖地震 国立大学が独立行政法人化	2004

元号	和暦	札幌・北海道
平成	17	知床半島が世界自然遺産に登録 モエレ沼公園がグランドオープン
	18	札幌市が「創造都市さっぽろ」を宣言 第1回札幌国際短編映画祭開催
	19	岩田建設が地崎工業を吸収合併し、岩田地崎建設株式会社を設立
	20	洞爺湖サミット 北洋銀行と札幌銀行が合併 第1回オータムフェスト開催
	21	丸井今井が民事再生法の適用を申請
	22	
	23	札幌駅前地下歩行空間開通
	24	札幌演劇シーズン開始
	25	札幌市がユネスコ創造都市ネットワークにメディアアーツ都市として加盟
	26	第1回札幌国際芸術祭開催
	27	札幌市電のループ化完了 秋元克広が第10代札幌市長に当選
	28	北海道新幹線（新青森-新函館北斗間）開業
	29	第8回冬季アジア大会札幌大会開催
	30	札幌信用金庫、小樽信用金庫、北海信用金庫が合併して北海道信用金庫設立 さっぽろ創世スクエア開業 胆振東部地震

国内外	西暦
愛知万博開催	2005
	2006
郵政民営化	2007
リーマンショック	2008
	2009
中国が日本を抜いてGDP世界2位に 尖閣諸島中国漁船衝突事件	2010
東日本大震災 世界人口が70億人を突破	2011
	2012
アベノミクス政策開始	2013
ロシア、クリミア半島を併合 消費税8％導入	2014
SDGsが国連総会で採択	2015
熊本地震	2016
	2017
米朝首脳会談 西日本豪雨	2018

元号	和暦	札幌・北海道
令和	元	鈴木直道が第7代北海道知事に当選
		棒二森屋が閉業
	2	ススキノラフィラ閉業
		ウポポイ（民族共生象徴空間）が白老町に開業
		道内主要7空港を運営する北海道エアポート株式会社設立
		札幌市の人口が統計開始以来最大となる197万人を突破
	3	
	4	札幌市制100周年
		4丁目プラザ、パセオ閉業
	5	エスコンフィールド北海道開業
		PIVOT、エスタ閉業
		moyuk SAPPORO開業
	6	COCONO SUSUKINOが開業

国内外	西暦
消費税10%導入	2019
アメリカ、パリ協定から離脱 新型コロナウイルスの世界的流行 イギリスがEUから離脱 香港で国家安全維持法施行	2020
第32回夏季オリンピック東京大会開催	2021
ロシアによるウクライナ侵攻 安倍晋三元首相暗殺	2022
	2023
能登半島地震	2024

札幌解体新書
世界一やさしい札幌の教科書

発行	2024年9月10日
著者	一般財団法人えぞ財団
協力	和田哲
原案	札幌解体新書 事務局
書籍企画	和田哲　神門崇晶
刊行元	EZOBOOKS
	〒059-1601
	北海道勇払郡厚真町京町1番地
	https://ezobooks.net
販売元	合同会社　逆旅出版
	〒107-0062
	東京都港区南青山2-2-15
	WIN青山531
	info@gekiryo-pub.com
	https://www.gekiryo-pub.com
イラスト	みきなつみ
キャラクターデザイン	田中まりな
装丁・DTP組版	和田悠里
編集	光村圭一郎
印刷・製本	シナノ印刷

ISBN978-4-911304-00-6 C0030
Printed in Japan

落丁・乱丁の場合はお取り替えいたします。逆旅出版までご連絡くださいませ。ただし、古書店で購入されたものについては取り扱いできかねます。本書のコピー、スキャン、デジタル化等の無断複製・転載は著作権法上での例外を除き禁じられています。本書を代行業者等の第三者に依頼してスキャンやデジタル化することは、たとえ個人や家庭内での利用でも著作権法違反です。